Susanne Breit-Keßler (Hrsg.)

Spielraum!

Sieben Wochen ohne Blockaden

DER BEGLEITER DURCH DIE FASTENZEIT

edition chrismon

Bibliografische Information der Deutschen Nationalbibliothek:
Die Deutsche Nationalbibliothek verzeichnet diese Publikation in der Deutschen Nationalbibliografie; detaillierte bibliografische Daten sind im Internet über http://dnb.d-nb.de abrufbar.

Das Buch wurde auf alterungsbeständigem Papier gedruckt.

Fotos: Cover: gettyimages/Westend61/Katharina Mikhrin, Woche 1: Isabela Pacini, 2: Isadora Tast, 3: Magdalena Jooß, 4: Marlena Waldthausen, 5: Paulina Hildesheim, 6: Christian Werner, 7: Sebastian Lock

Cover: Ellina Hartlaub, Frankfurt
Satz: FRUEHBEETGRAFIK · Thomas Puschmann, Leipzig
Druck und Bindung: BELTZ Bad Langensalza GmbH

ISBN 978-3-96038-263-8
www.eva-leipzig.de

Spielraum!

Inhalt

Vorwort

Susanne Breit-Keßler

Als Kind zog ich regelmäßig mit Sack und Pack auf eine Wiese hinter unserem Haus. Sie wurde nur einmal im Jahr gemäht und stand voller wilder Blumen und Gräser. Ich breitete meine Decke aus, legte sorgfältig den Proviant hin, der aus belegten Broten und selbst gemachter Limonade bestand. Ganz wichtig: mindestens ein Buch! Niemand wusste, wo ich war – sehen konnte mich auch keiner, weil die Pflanzen zu hoch standen. Pures Glück, diese „Spielwiese". Manchmal kamen Pferde vorbei, Haflinger, die beim Bauern ausgebüxt waren. Auch sie mochten keine Blockaden, wie ich.

Wenn ich heute die Spielräume betrachte, die ich mir im Leben erobert habe, dann denke ich liebend gerne zurück an dieses Stück vom Paradies, an die Seligkeit, die es bedeutet, frei zu sein und vor sich alle Möglichkeiten, die das Dasein bietet. Covid-19, das Virus, das uns, unsere Gesellschaft und die ganze Welt seit dem letzten Jahr attackiert, es hat mancherlei Blockaden errichtet. Und wir auch, um es sinnvollerweise abzuwehren und niemanden zu gefährden. Spielräume sind weggefallen. Begegnungen, Feste und Feiern, Urlaubsreisen – alles steht unter einem neuen, bedenklichen Vorzeichen.

„Dennoch", heißt es in der Bibel an vielen Stellen. Die schönste davon, im Psalm 73, lautet: „Dennoch bleibe ich stets an dir; denn du hältst mich bei meiner rechten Hand, du leitest mich nach deinem Rat ..." Gottvertrauen eröffnet auch in schlechten Zeiten ungeahnte Spielräume, wenn man sich nicht selbst blockiert und auf stur schaltet. Kreativität und Fantasie sind gefragt, Wesensmerkmale des Heiligen Geistes, um mit Gottes Hilfe einer stellenweise miesen Realität lebensfrohe Schnippchen zu schlagen. Unser neues Fastenbuch ist eine einzige Verlockung: Kommt und entdeckt herrlich neue Spielwiesen und Räume des Lebens!

7 WOCHEN OHNE

Alles auf Anfang

1

Die Weisheit spricht: Ich bin eingesetzt von Ewigkeit her. Als Gott die Grundfesten der Erde legte, da war ich beständig bei ihm und spielte vor ihm allezeit; ich spielte auf seinem Erdkreis und hatte meine Lust an den Menschenkindern.

Sprüche 8,23.29–30

Alles auf Anfang

Susanne Breit-Keßler

BIBLISCHE MINIATUR
ZU SPRÜCHE 8,23.29–30

Sie sitzt zu seinen Füßen und spielt mit allem, dessen sie habhaft werden kann. Er hat unentwegt zu tun, aber dennoch oder gerade deswegen jeden Tag seine Freude an dem, was und wie sie es tut. Von Sophia ist die Rede. Von der Weisheit, wie sie im Alten Testament liebevoll persönlich geschildert ist. Sophia oder Hokma, wie sie in der Bibel auf Hebräisch heißt, die als Gottes Liebling von Urzeiten her existiert, ist die weibliche Begleiterin des großen Schöpfers, ein feminines Wesen, das untrennbar zu ihm gehört. Die Weisheit bewahrt zumindest vor größeren Pleiten.

Der Name ist trendy. Auf Standesämtern und am Taufbecken gehört Sophia stets zu den beliebtesten weiblichen Vornamen. Sophia ist en vogue. Ist es die

Weisheit auch? Nach anfänglichem biblischen Denken umfasst die Weisheit zunächst geschicktes Handhaben der Materie, Naturerkenntnis und Klugheit bis hin zur List. Erziehung zur Weisheit verbindet praktische mit intellektuellen Fähigkeiten, lehrt Einsicht in Beziehungen und soziales Verhalten. Damit allein allerdings ist es nicht getan. Solche Weisheit kann in die Krise geraten. Man denke nur an Corona.

Jesus ist von Zeitgenossen als Verkörperung umfassender Weisheit verstanden worden. Diese Weisheit ist eine menschenzugewandte, die um notwendige Zeiten eigener Besinnung weiß. Es ist eine, die der Wahrheit verpflichtet ist, ohne ätzend-gemein zu werden. Eine Weisheit, die nicht straft und lohnt, sondern die allein aus Gnaden sich erbarmt für immer und ewig. Wer weise ist, unterscheidet nach alter Einsicht zwischen dem Mut, den es braucht, um Dinge zu verändern, die verändert werden müssen, und der Gelassenheit hinzunehmen, was nicht zu ändern ist.

“ Weisheit kommt leichtfüßig, lebenslustig, tänzelnd daher. ”

Weisheit ist attraktiv – gerade weil sie irdische Gegebenheiten verlockend hinter sich lassen kann. Der Mensch „ist nur da ganz Mensch, wo er spielt“, meinte Friedrich Schiller. Das merken Kinder und Erwachsene, wenn sie sich zu Hause „verspielt“

zusammensetzen oder gemeinsam am Fernseher den munteren Wettkämpfen anderer zuschauen. Spielen bringt viele positive Seiten eines Menschen zum Vorschein: Kreativität, Lust am sich Messen, Fantasie, Wissen. Zumindest dann, wenn man sich nicht selbst blockiert und völlig verbissen auf einen möglichen Sieg fixiert.

Beim Spiel kann ich andere Rollen als die gewohnten annehmen, spielerisch meine Blockaden umgehen und sie vielleicht dadurch irgendwann ganz überwinden. Denn Weisheit schleppt sich nicht schwerblütig-depressiv, nicht vergrübelt vorwärts. Weisheit kommt leichtfüßig, lebenslustig, tänzelnd daher – ein federleichtes, geistliches Schwergewicht. Sophia spielt seit Urzeiten zu den Füßen Gottes. Sie ist „seine Lust täglich“, wie es die Sprüche Salomos sagen (Sprüche 8,30). Wie zauberhaft … Reich mir die Hand, Sophia, damit ich über Mauern springe.

ATEMBERAUBENDES ZUTRAUEN

Hans-Jürgen Abromeit

„Jedem Anfang wohnt ein Zauber inne." Diese bekannte Zeile aus dem Gedicht „Stufen" von Hermann Hesse wird heute häufig benutzt, um Anfänge jeder Art zu verklären. Er findet sich auf Hochzeitskarten, Glückwunschkarten zur Geburt eines Babys, Gratulationen zur Einschulung oder Mitteilungen einer neuen Anschrift nach einem Umzug. Ja, jeder Anfang schlägt ein unbeschriebenes Blatt auf, und das hat etwas Zauberhaftes. Gleichzeitig ist aber das Ende des Neuen noch unabsehbar und deswegen beunruhigend. Wird meine Beziehung tragen? Was wird aus dem Kind werden? Werden wir an dem neuen Wohnort glücklich werden? Der Ausgang des Lebens und jedes Lebensabschnittes ist unsicher. Reicht es, die Offenheit einer Situation zu betonen, um Angst vor der Zukunft zu überwinden? Selbstbeschwörungen trösten am Ende nicht. Aber gibt es eine Alternative dazu?

Die Bibel verbreitet ein Zutrauen zum Leben, das atemberaubend ist. Denn diese Welt mit allem, was darinnen ist, und mit allem, was in ihr geschieht, ist nicht zufällig so. Schöpfung und Geschichte wohnt eine höhere Ordnung inne. Es ist kein Gesetz, das man einfach aus der Schöpfung ablesen könnte. Es ist ein guter Wille. Die Spruchweisheit Israels nennt ihn Weisheit. Diese Weisheit begleitet alles, was Gott gemacht hat. Wir Menschen überheben uns, wenn wir meinen, der Welt unseren Stempel aufdrücken zu können. Es herrscht aber auch nicht das Chaos, sondern in allem und über allem Gottes gute Ordnung. Das lässt mich ohne Angst vor dem, was da kommen wird, mutig mein Leben gestalten.

Sprüche 8,31 setzt dabei einen überraschenden Akzent. Die Weisheit, die Gottes schöpferisches Handeln von Anfang an begleitet, wird als weibliche Person beschrieben, die vor Gott auf dem Erdkreis spielt und „Lust hat an den Menschenkindern". Gottes Lust am Menschen wird später in Jesus Christus anschaulich. Die Menschwerdung Gottes in Jesus ist Ausdruck der Freude Gottes am und mit dem Menschen. Folgerichtig hat der Evangelist Johannes diese Tradition, die Weisheit Gottes in der ganzen Schöpfung zu finden, mit dem Wort Gottes, durch das Gott die Welt geschaffen hat und das in Jesus Mensch geworden ist, zusammengebracht (Johannes, Vers 1ff.). Auch wenn es kein Leben ohne Leid, Schmerzen und Tod gibt, ist Jesus der Garant eines neuen, wir sagen ewigen Lebens. So ist unser Leben umgriffen von diesem Anfang und diesem Ende, das Jesus uns setzt.

WACKELZAHN UND BUNTE PFLASTER

Ramón Seliger

Das kleine Mädchen mit dem Wackelzahn – einen Steinwurf steht sie von mir entfernt. Ein Kinderlächeln zieht sich über ihr Gesicht. Frech grinst sie mich an. Ein Bein hat sie nach vorn gestellt. Meine Tochter, sie wippt vor und zurück. Jetzt rufe ich: „Wer kommt in meine Arme?“ Da rennt sie los. Mit lautem Kichern tobt sie auf mich zu und wirft sich in meine offenen Arme. Volles Vertrauen. Ganzes Risiko. Nicht einen Moment denkt sie darüber nach, was alles passieren könnte. Die offenen Arme sind ihr genug.

Dabei zeugen die Pflaster an ihren Knien wie Trophäen von ihrer Tapferkeit. Die grellen Farben können die blauen Flecken kaum verbergen. Sie kennt den Schmerz nur zu gut. Aber auch das Gefühl, wieder aufgehoben und getröstet zu werden. Eine Träne im Knopfloch und ein Lächeln auf den Lippen.

Bei mir helfen bunte Pflaster meist nicht mehr. Das Leben ist nicht spurlos an mir vorübergegangen. Davon erzählt so manche Narbe. Der Schmerz, allein zu sein, enttäuscht zu werden, gräbt sich tief ein. Keine offenen Arme, nur harter Asphalt. Die Angst vor dem Sturz, sie ist Teil meines Lebens geworden. Genauso wie die Sehnsucht, dass mir jemand mit offenen Armen begegnet. Mir die Tränen trocknet. Bei dem ich Ruhe finden kann und angenommen werde, so wie ich bin. Mit all den bunten Pflastern auf den Knien, die von den kleinen Dummheiten und den großen Stürzen erzählen.

Um ehrlich zu sein, fällt es mir inzwischen schwer, einfach loszurennen. Meist stolpere ich im Leben eher vorwärts. Und doch wünsche ich mir manchmal das Vertrauen, mich einfach in die offenen Arme Gottes zu werfen. Ohne zu zögern und mit einem Lachen auf den Lippen.

Den Kindern gehört das Himmelreich – weil sie sagen, was sie denken, lieben mit ganzem Herzen und vertrauen aus ganzer Seele. Vielleicht ist diese Woche eine gute Gelegenheit, sich etwas von dieser kindlichen Unbefangenheit zurückzuerobern? Probieren Sie's aus!

DER ZAUBER DES BEGINNS

Tobias Petzoldt

Die Weisheit spricht: Ich bin eingesetzt von Ewigkeit her. Als Gott die Grundfesten der Erde legte, da war ich beständig bei ihm und spielte vor ihm allezeit; ich spielte auf seinem Erdkreis und hatte meine Lust an den Menschenkindern.

Der göttlichen Weisheit erster Schluss war gemäß ihrer Selbstauskunft der Schöpfungsprozess. Denn da war sie schon da, die Weisheit, umspielte den Schöpfer und begleitete ihn beständig. Als er Licht und Schatten schuf am ersten Tag, den Himmel auf Erden am zweiten, Kraut und Rüben am dritten, Mond und Sterne am vierten, Hund und Katz am fünften und Hinz und Kunz am sechsten. Und als Saus und Braus am siebten Tag folgten und Gott Ruhe hielt vor dem Sturm, war sie auch dabei.

Wenn die Weisheit bei Gott war, so muss sie im Rahmen des Schöpfungsgeschehens – nach seinem Bilde, wie es heißt – auch auf uns Menschen übergegangen sein. Gewiss, oft können wir die Weisheit allzu gut verbergen. Manchmal aber spüren wir sie in uns, und manchmal lassen wir sie zu.

So wie im göttlichen Geschehen von Beginn an alles mit Weisheit verbunden ist, so hat auch in unserem Lebenslauf alles einen Anfang und jede Entscheidung einen Ursprung. Familie und Freunde, Ausbildungen und Arbeitsstellen, Wohnungen und Wohnorte – irgendwann war alles zum ersten Mal. Vielleicht war es damals leichter und unbeschwert. Können wir uns an diese Zeit erinnern? Lässt sich der Zauber des Beginns noch spüren? Kann jener Geist des Anfangs neu in uns wehen?

Oft haben wir Angst, routinierte Denk- und Handlungsabläufe zu verlassen. Alles auf Anfang zu stellen, würde uns überfordern und ist meist praktisch nicht verantwortungsvoll möglich. Aber uns auf den Anfang von allem zu besinnen, das geht schon. Gottes unergründliche Weisheit will dabei helfen, nicht nur an uns selbst zu glauben, sondern dem Schöpfer zu vertrauen im Wissen: Gott lässt mich nicht hängen. Da ist ein Fundament, das ist fest und darauf kann ich sicher stehen. Und spielen kann ich, der Weisheit gleich, auf und aus diesem guten Grund auch.

Darauf, dass ich nicht aus dem schützenden Rahmen falle, muss ich selbst achten. Und wenn es doch einmal geschieht, so weiß ich mich dennoch gehalten. Denn Gottes Weisheit kennt die Menschenkinder in all ihren Facetten und will immer neu weisen auf den Einen, der beständig bleibt und treu. Auch dann, wenn ich mit meiner eigenen Weisheit am Ende bin.

Alles auf Anfang – konkret

Beate Hofmann

Tanze das Leben.
Spiele die Zukunft.
Singe den Dank.
Lache über das Gestern.
Nasche vom Morgen.
Träume die Welt
und hoffe.
(Olaf Hofmann)

Wer das Seniorenwohnheim betritt, dem fallen diese Sätze an der Wand sofort ins Auge. Ganz schön verwegen für so einen Ort, oder? Ist das nun ermutigend, lockt es ein Lächeln hervor, weckt es gute Erinnerungen oder provoziert es sogar? Die Leiterin der Einrichtung hatte den Text in einem meiner Bücher gelesen und meinen Mann angeschrieben, ob sie seine Worte als überdimensionales Wandtattoo in der renovierten Eingangshalle der Einrichtung anbringen dürfte. Wir staunten und freuten uns über den Mut, diese Worte für ein Altenpflegeheim zu wählen. Als mein Mann den Text schrieb, hatte er ganz gewiss keine kranken, hilfsbedürftigen oder alten Menschen im Fokus.

Ich war dabei, als er die Worte bedacht mit Bleistift in ein abgewetztes kleines Notizbuch kritzelte. Wir waren damals auf den Trophy Mountain, einen Berg im kanadischen Wells Gray Park, gestiegen und hatten dort an einem windgeschützten Platz in den Felsen einige Stunden verbracht. Es war ein Tag, an dem wir uns am Ende unseres Sabbatjahres sehr bewusst rückbesinnen, vergewissern und betend ausrichten wollten. Es wurde zu einer kostbaren Zeit, in der wir in der Stille auf dem Berg verweilten, den kreisenden Adlern zusahen und nach innen hörten. Wir suchten nach einer Essenz unseres Sabbatjahres, nach dem, was wir mitnehmen konnten an Weisheit, an Klarheit für unseren Neustart zurück im deutschen Alltag. Etwas, was uns zufiel, aus heiterem Himmel, aus der unglaublichen Weite, aus Gottes Güte.

“ Etwas, was uns zufiel, aus heiterem Himmel, aus Gottes Güte. ”

Freunde und Familie fragten schon seit Wochen drängend, wie es denn nun weitergehen sollte. Wie wir den Einstieg nach dem Auszeitjahr organisieren wollten, was wir arbeiten und wo wir wohnen würden. Und ich war allmählich ziemlich angespannt, recherchierte im Internet die Möglichkeiten und hätte so gerne schon alles konkret gewusst. Ich spürte den

Druck, der dadurch entstand, dass ich manche Dinge eben nicht machen konnte. Wie aber reagieren, wenn etwas nicht in unserer Macht liegt? Wenn sich Blockaden aufbauen und der Ernst der Sache alle Leichtigkeit verdrängt?

Vermutlich kennen die meisten von uns solche Momente aus ihrem eigenen Erleben. Selbst gewählter Wechsel, unverhoffte Abbrüche, Neuorientierung und die bange Frage: „Wie soll es weitergehen?“ Da ist guter Rat teuer. Wir sehnen uns nach dem guten, dem erfüllten Leben und einer Weisheit, die uns darin leitet. Wenn nicht von außen, dann vielleicht als intuitive Stimme in uns? Doch wie kann ich diese Stimme hören?

Auch wenn uns andere Menschen mit ihrem Wissen beratend zur Seite stehen und wir uns mit Büchern, Podcasts, in Foren und Magazinen schlaumachen können – die Weisheit selbst ist dort nicht zu finden. Weisheit stellt sich leise ein und spielend. Sie lässt sich nicht machen und schon gar nicht festhalten. Weisheit lässt sich höchstens einladen – und dann heißt es achtsam sein. Denn es liegt bei uns, ihr Raum zu geben und zu bemerken, wenn sie sich einstellt.

Jene Worte damals, sie kamen recht unscheinbar daher. Doch für uns wurden sie wegweisend, belebend und visionär. Immer wieder, selbst Jahre später noch, ließen wir uns darauf ein und erinnern uns dann, wenn es schwer wird, dass wir tanzen, spielen, singen, lachen, naschen, träumen und zutiefst hoffen wollen. Und wenn es auch andere dazu einlädt, dann freut es uns umso mehr.

Coaching-to-go-Tipps für die spielerische Suche nach Weisheit:

- **Weisheit bemerken:** Es gehen uns jeden Tag so viele Gedanken durch den Kopf. Viele sind unwesentlich, sorgend oder stressend. Doch wenn wir uns gezielte Oasenmomente schaffen, dann kann sich Weisheit einstellen – in Form von innerer Gelassenheit, indem wir uns unverhofft an ein gutes Wort der Bibel erinnern oder indem sich ein eigener Gedanke einstellt, der es wert ist, aufgeschrieben zu werden. Notieren Sie sich solche Gedanken, Zitate oder Aussagen, die Sie selbst als wegweisend und weise empfinden.

- **Weisheit schmecken:** Das lateinische Wort „sapere" wird mit Weisheit Erlangen und mit Schmecken in Verbindung gebracht. Weisheit ist also viel mehr als bloßes Wissen. Weisheit hat etwas damit zu tun, das Leben zu schmecken. Wir können unsere Weisheit erweitern, indem wir vermehrt mit allen Sinnen leben. Daher achten Sie diese Woche einmal bewusst darauf, was Sie in einer Situation wahrnehmen. Wie riecht, schmeckt, fühlt sich etwas an? Was hören Sie für Töne und Zwischentöne in einem Gespräch? Leben Sie spielerisch mit allen Sinnen!

- **Weisheit auf kurzen Beinen**: Kinder können wunderbare Fragen stellen. Es macht Spaß, sich darauf einzulassen, und Sie werden staunen, welche Weisheiten aus dem Mund der Jüngsten zu hören sind, wenn man sich die Zeit nimmt, mit Kindern zu theologisieren oder zu philosophieren. Es sind die großen Fragen, solche nach Leben und Sterben, nach Gott und dem Himmelreich, auf die es keine einfachen Antworten gibt. Doch Kinder haben dazu durchaus ihre eigenen Ideen, die sie begeistert und freudig entwickeln. Wir Erwachsene können uns davon anstecken lassen.

Wie laden Sie die Weisheit in dieser Fastenwoche ein?

....

....

....

VON MENSCHENKINDERN UND STAUBKÖRNERN

Gundula Gause

Weisheit stellt man sich für gewöhnlich als eine ernste Angelegenheit vor. In der Bibelstelle für diese Fastenwoche kommt sie leichtfüßig daher. Die Weisheit in Person spielt vor Gott, während dieser die Welt erschafft. Sie erkundet mit kindlicher Neugier den Erdkreis und seine Grundfesten. Das macht Lust, den Blick durch die eigene Welt schweifen zu lassen und ins Auge zu fassen, wie alles begann. Mitunter hilft es, wenn bei mir etwas ins Stocken geraten ist, mich an den Anfang zu erinnern. Der herrlich leichte Beginn einer Freundschaft, die in die Jahre gekommen ist. Der erste Strich eines Kreises, den mein Leben zog – eine berufliche Etappe, ein Umzug, eine neue Familienkonstellation. Das Motto für unsere erste Fastenwoche: Alles auf Anfang und spielerisch zu den Grundfesten, die unser Leben tragen! Und alles mit der Grundannahme, dass ich die Weisheit des Ganzen nicht selbst erfinden muss. Sie ist schon da. Von Anbeginn und spielt vor Gott.

> “Die Weisheit muss sich selbst nicht erfinden. Sie ist schon immer da. Und sie spielt mit Gott.”

Von Ewigkeit her – daher kommen wir und dahin gehen wir. Für uns Christen hat dieser Gedanke den Glanz göttlicher Weisheit. Von Gott kommen wir und zu Gott gehen wir eines Tages, wenn unser irdisches Leben endet. Für uns Christen ist Gott der Grund, auf dem wir stehen, und der Grund für unser Sein. Er ist der Bezugspunkt, der immer war und immer sein wird. Er bildet den Dreh- und Angelpunkt, um den das Leben von uns Menschenkindern kreist, der uns zurückführt auf unsere Grundfeste.

Wenn man sich in diesen Kontext von Glaube und Hoffnung und göttlicher Liebe stellen will, dann kann man darin Weisheit finden. Eine Weisheit, die auch dann noch leitet, wenn man alles auf null stellen will oder vielleicht sogar muss. Wenn man nicht mehr kann und vielleicht auch nicht mehr will. Wenn man sich sein Leben ohne Widerstände, Härten und Blockaden wünscht, ohne tägliche Belastungen, ohne Stress und ohne übermächtige Probleme, zum Beispiel einer Pandemie.

Das heißt nicht, dass man sich Problemen und Pflichten entziehen will. Selbst wenn man es könnte, sollte man das nicht, man dürfte es auch nicht und es würde gerade einem Christen schwerfallen. Es geht darum, Probleme und Pflichten frei anzugehen, ohne Vorbehalte, aus eigener Entscheidung, gewissermaßen „weise". Und das immer in Bezug auf die Kernfragen: Was ist wirklich wichtig? Was war wichtig – woraus also resultiert das Problem, das dadurch seine Berechtigung hat? Und was wird wichtig sein – uns als Gesellschaft, mir als Individuum? Wohin wollen wir, was will ich? Wie ist der richtige Weg zu finden?

Als aktive, realistische Christin suche ich diesen Weg mit dem Anspruch einer gewissen „Weisheit“, in aller Bescheidenheit, aber auch in Verantwortung für andere, in den Grundfesten der Erde, also auch in meinen individuellen Lebenskoordinaten. Diese mögen zwar in der Ewigkeit des Glaubens ein Staubkorn im Universum sein, aber sie sind eingebettet in Gottes Erdkreis, mit Lust an den Menschenkindern – und an den Staubkörnern. Bis in alle Ewigkeit.

Wenn Sie den Sternenhimmel anschauen, können Sie es spüren: Sie sind Teil des großen Ganzen – und doch geliebt als einzigartiges Menschenkind.

WER IST SIE?

Andreas Malessa

„Wie alt schätzt du sie?“ fragt Moni ihren Mann und reicht ihm die Visitenkarte.

„Kommt drauf an, wann das Bild gemacht wurde“, weicht Jannik aus und liest den Namen in goldenen Reliefletter unter dem Foto: „Sophia L. Goodman. Ist das die ...“, er gibt ihr das Kärtchen zurück, „... diese Finanztante, die Analystin, von der ...?“

„Genau“, unterbricht ihn Moni, „von der niemand weiß, für wen sie arbeitet. Fonds? Stiftungen? Sie will mich treffen.“

„Dich?!“ Jannik staunt zweifelnd, seine Frau nickt: „Weil ich Architektin bin, sagte sie am Telefon, und Mutter. Sie hat eine, na ja, kindlich mädchenhafte Stimme“.

„Wie die Giffey, die Familienministerin?“

Nein, denkt Moni auf der Fahrt zum Treffpunkt, sie klang reifer, abgeklärter.

Da war auch was Verschmitztes in Sophias Stimme. Aber weder Google noch LinkedIn gaben was her, ihre Homepage war schmallippig und „Goodmans“ gibt's auf der Welt wie Müllers im deutschen Telefonbuch.

Das ..., sackblödes Navi, ... das ist doch nicht die Zieladresse! Hier? Eine Spielhalle, eine Daddel-Bude mit blinkendem Sonnen-Logo überm Eingang? Davor eine drahtige Dame mit Wuschelfrisur in einem figurbetonenden roten Kleid unter cremefarbenem Wintermantel. Sie winkt freundlich und deutet nach vorn. „Parkplatz! Da!“, formen ihre Lippen.

Moni war noch nie in einer Spielhölle. Dämmriges Licht, grellbunte Automaten ringsum, monotone Melodien trällern von überall. Gebeugte Rücken, finstere Mienen, bemüht beiläufige Blicke der – fast nur – Männer im Raum.

„Wissen Sie, warum Architekten Architekten heißen?“, fragt Sophia und setzt sich. „Weil sie den Anfang, den Grund, die Struktur legen. So beginnt der erste Satz im Buch Genesis: Im Anfang schuf Gott … En Archä. Auf Griechisch.“

Was will sie von mir? Moni hält ihre Handtasche fest, als der Kellner kommt.

„Und warum schreibt ihr Architekten in eure Pläne immer nur ‚Kinderzimmer‘ und nicht ‚Spielraum‘? Brauchen Erwachsene nicht auch einen?“

„So einen wie den hier bestimmt nicht“, Moni hat ihre Irritation überwunden, „Glücksspiel kann süchtig machen.“

„Stimmt. Bringt kein Glück, ist kein Spiel. Aber wie viel Raum zum Spielen, zum kreativen, lustigen Spielen meine ich, gebt ihr euch sonst?“

„Das entscheidet der Bauherr“, zuckt Moni die Schultern.

„Eben", Sophia hat auch etwas freundlich Strenges in ihrem Gesichtsausdruck.

„Ich kenn einen", jetzt lächelt sie, „nun, sagen wir, Bauherrn des Lebens, der vermisst es, wenn ihr keine Spielräume einplant."

Ihre Sprechweise kommt Moni vor wie eine Mischung aus Heidi Kabels lebenserfahrener Nüchternheit und Ruth Westheimers frech-forscher Art, über Sex zu reden. Sophia muss steinalt sein, wenn man ihre Hände sieht.

Moni seufzt auf. Hat sie nun eine Ausschreibung für mich oder nicht? Einen fertigen Auftrag womöglich, ein Riesenprojekt? „Wissen Sie, Frau Gutmensch, äh, Goodman, so ein Spiel- oder Musikzimmer können sich nicht alle leisten und …"

„Doch! Alle! Draußen!" Sophia ist energisch geworden. Vor den Automaten drehen sich zwei, drei hängende Schulterpaare zu ihr um. Aufrecht sitzend und mit strahlendem Gesicht passt die vornehme Dame noch weniger in diese Spelunke.

„Schaun Sie, Moni, mein zweiter Vorname ist Ludentia. Die Spielerische. Sie sind Architektin, Sie sind Mutter, und wenn Ihre Kinder spielen, erinnert Sie das an den Anfang …"

Was heißt noch mal Sophia?, denkt Moni beim Verabschieden.

7 WOCHEN OHNE

Von der Rolle / 2

Und des Herrn Wort geschah zu mir: Ich kannte dich, ehe ich dich im Mutterleibe bereitete, und sonderte dich aus, ehe du von der Mutter geboren wurdest, und bestellte dich zum Propheten für die Völker. Ich aber sprach: Ach, Herr Herr, ich tauge nicht zu predigen; denn ich bin zu jung. Der Herr sprach aber zu mir: Sage nicht: „Ich bin zu jung", sondern du sollst gehen, wohin ich dich sende, und predigen alles, was ich dir gebiete. Fürchte dich nicht vor ihnen; denn ich bin bei dir und will dich erretten, spricht der Herr.

Jeremia 1,4–8

Von der Rolle

Susanne Breit-Keßler

BIBLISCHE MINIATUR
ZU JEREMIA 1,4–8

Firmen und Familien können genauso wie Kirche davon profitieren, wenn junge Leute ihre Gaben und Fähigkeiten in das große Ganze einbringen, wenn sie gut biblisch mit ihren Pfunden wuchern, statt die eigenen Talente vergraben zu müssen. Unbefangene Kreativität, grenzenlose Fantasie und Lust, Grenzen auszutesten – das ist es, was Kinder und Jugendliche auszeichnet, was so viele junge Männer und Frauen mitreißend macht. Wenn, ja, wenn man sie lässt und keine Mauern aufrichtet, die ihre Spielräume unangemessen einengen.

Klar: Man kann als älterer Mensch nicht zu allem Ja und Amen sagen, was Kleine und Heranwachsende so aushecken, was junge Erwachsene planen. Das Leben hat einen schon manches gelehrt. Oft genug sieht man weiter, weiß, was passieren und schiefgehen kann. Das muss man dann auch sagen, um andere aus gutem Grund vor großem Schaden oder gar Leid zu bewahren. Und: Es kann nicht immer ungebremst nach dem Willen der Jüngeren gehen – zum Leben gehört es dazu, dass man lernt, nicht bloß die eigenen Ansichten, sondern auch die des Gegenübers zu respektieren.

Trotzdem ist es wenig großmütig, wenn man jemanden allein wegen seines oder ihres Alters in die Schranken weist. Wer das tut, einen jungen Menschen im Wortsinn nicht „vorkommen" zu lassen, hat meistens Angst: um die eigene Position, davor, Ansehen und Einfluss zu verlieren. Da wächst jemand heran, der einem Konkurrenz machen könnte, der womöglich besser ist als man selbst. Schlimmer noch: Man spürt, dass man nicht nur älter ist, sondern auch dabei, alt zu werden. In der Abwehr der Jugend steckt nicht selten ein heftiges Nein zum Verlust der eigenen Lebenszeit.

Angst macht eng – im Kopf und im Herzen. Wie befreiend ist es dagegen, göttlich geradezu, wenn man sich staunend ansieht, was Jüngere alles können – und sie dann munter ans Werk gehen lässt. Wenn man sie darin bestärkt, sich auszuprobieren, auch wenn mal was gründlich danebengeht. „Trau dich" ist ein gutes Wort – noch besser ist es, bei Pleiten, Pech und Pannen einfach da zu sein. Nicht jovial und besserwisserisch von oben herab kritisieren nach dem Motto „hätte ich dir gleich sagen können", sondern einfach gemeinsam nachdenken, verständnisvoll sein.

Gott schickt Jeremia vertrauensvoll „auf die Piste", weil er weiß, was in ihm steckt. Er traut ihm zu, dass er mit seinem jugendlichen Schwung selbst größte Aufgaben stemmt. Wer das probiert und jungen Menschen echte Spielräume eröffnet, wird begeistert sein. Nicht allein sie können sich weiterentwickeln und gewinnen an lebensnotwendiger Erfahrung dazu. Man selber kann Verantwortung abgeben, Lasten niederlegen und ganz neue Seiten an sich selbst entdecken. Niemand ist zu jung, das Leben zu wagen, und keiner zu alt: Freiheit!

Welche begabten jungen Menschen fallen Ihnen in Ihrem Umfeld ein?

GÖTTLICHE PIPPI LANGSTRUMPF

Eva Jung

Mit Gott ist man nie fertig. Frau auch nicht. Immer wieder beschäftigt mich die Frage, wie ich Gott ansprechen könnte, um mir die weibliche Seite Gottes mehr vor Augen zu führen. Die alten Bilder und Anreden – Gott als Vater, König, Herr – sind mir einfach zu einseitig und zementieren ein Bild Gottes in mir, das mir zu eng und zu starr ist. Die Magdeburger evangelische Theologin Magdalene Frettlöh, die sich intensiv mit der Gottesnamensfrage befasst hat, sagt: „Allemal müssen auch weibliche Namen Gottes zur Sprache kommen, die von Gott der Freundin, von Gott als Mutter, von Gott als Amme, als Bäckerin, als Weberin sprechen. All dies sind biblische Bilder von Gott. Auch diese Bilder und Namen Gottes müssen neben der Herr-Anrede vorkommen."

Allerdings helfen mir diese einfachen weiblichen Übersetzungen und typische weibliche Zuschreibungen – Mutter, Königin, Herrin (?!), Amme – nur bedingt. Sie sind auf ihre Art eben auch einseitig, laufen mir nur holperig über die Lippen und, weil sie zu nah an der gewohnten männlichen Ansprache sind, klingen sie für meine Ohren nur wenig bis gar nicht besser. Auf der Suche nach Alternativen nahm ich die verschiedenen hebräischen Namen Gottes unter die

Lupe. Darüber und durch die Beschäftigung mit der Dreieinigkeit Gottes stieß ich darauf, dass der hebräische Name für den Geist Gottes – Ruach – weiblich ist. Das half mir sehr! Gott mit einem weiblichen Eigennamen anzusprechen, erleichterte mir enorm, im Gebet mit Gottes weiblicher Seite in Verbindung zu treten.

> „Ich wollte im Gebet mit der weiblichen Seite Gottes in Verbindung treten.“

Vor Kurzem, ich war mal wieder mit Gott im Gespräch über dies und das, da brachte sie (!) mich auf eine ganz neue Idee: Gott sicherte mir (wie eigentlich jeden Tag) zu, den Tag über nicht von meiner Seite zu weichen – mal vor mir, mal hinter mir, mal über und neben und unter mir … eben mit mir unterwegs zu sein und mir jederzeit ihre Rückendeckung zu geben. An diesem Tag allerdings nicht als erwachsener Mensch. Gott pflanzte mir die Idee in den Kopf, dass sie sich an diesem Tag als kleines, leicht übergewichtiges, quirliges Mädchen an meine Seite stellen möchte. Wow! Ich war überrascht, aber auch sehr gespannt, was das mit meinem Tag machen würde! Und ich kann berichten: Wir hatten sehr viel Spaß! Den Tag mit einer angstbefreiten und mit viel Energie ausgestatteten „göttlichen Pippi Langstrumpf“ im Schlepptau zu verbringen, war mir eine große Freude und zauberte mir immer wieder ein sehr breites Lächeln aufs Gesicht. Im Nachhinein kann ich nur raten: Lassen Sie sich öfter mal eine neue Gottesbrille aufsetzen – und vermeiden Sie, Gott und Mensch in Schubladen zu stecken. Es lohnt sich!

Haben auch Sie Gott in eine Schublade gesteckt? In welche? Und wie könnten Sie ihn oder sie dort herausholen?

EINFACH NUR FLIEGEN …

Andrea Schneider

Leider gehöre ich zu den Menschen, die ihre nächtlichen Träume nur sehr selten am Morgen danach noch erinnern und erzählen können. Aber dieser Traum taucht seit Jahren immer wieder in meinen Nächten auf, und ich kann ihn auch im wachen Zustand nachfühlen: Ich renne über eine große Wiese. Die senkt sich stark ab. Aber ich renne immer weiter, immer schneller … über den Abgrund hinaus – und: fliege, fliege … Vielleicht habe ich eine Art Flügel, vielleicht brauche ich die auch gar nicht. Ich fliege einfach. Schwebe, gleite wunderbar sanft über die Tiefe. Unter mir die weite Landschaft. Über mir der offene Himmel. In mir keine Angst. Nur Leichtsein. Ich freue mich, wenn ich mal wieder so träume. Besonders, seitdem ich MS-krank bin und mit meinen schweren und lahmen Beinen und manchmal auch mit meiner bedrückten Seele am Boden klebe. Einfach nur fliegen! Traumhaft …

„Ich renne immer schneller, über den Abgrund hinaus – und fliege!“

Im vorletzten Sommer, an einem herrlich sonnigen, leicht windigen Tag, habe ich es auf einem Campingplatz in Kroatien gesehen: Parasailing. Unter einem vom Wind aufgebauschten Fallschirm hing jemand am langen Seil eines Schnellbootes hoch in der Luft und flog an mir vorbei. Ich wusste gleich: Das will ich auch!

Aber geht das? Bin ich nicht viel zu behindert? Zu großes Risiko? Mein Mann zuckte etwas besorgt: „Du willst das wirklich machen?"

Die jungen Männer am Startplatz am Strand musterten mich von oben bis unten. Dann: „Okay, wir machen das mit dir. Den Rollstuhl können wir hier lassen?"

Mit Schwimmweste ging es über Pontons, die mindestens so wackelten wie meine Beine, hinaus zum Boot. Zwei braun gebrannte Sportlerschultern als Stütze vor mir, zwei starke Arme zur Sicherheit hinter mir. Dann wurde ich mit Hosenträgergurten festgeschnallt und sanft vom Heck des losbrausenden Bootes in die Luft gezogen. Ich hatte die höchste Höhe und die längste Zeit gebucht. Wenn schon, denn schon …

Und dann: In vierhundert Meter Höhe fliege ich die Küste entlang. Die Beine baumeln. Zum Glück hatte ich daran gedacht, die Sandalen abzustreifen. Die Hände legen sich entspannt an die Gurte, lassen aber auch mal vorsichtig los zum Handyfilmen. Die Ohren freuen sich über das Stirnband, denn der Wind pustet ziemlich stark. Die Augen entdecken tiefe Buchten, kleine Inseln, winzige Häuschen: weit weg und zugleich ganz nah. Zum Staunen! Und die Seele: Sie schwebt im Glück. Ganz weit oben. Ganz leicht. Nicht eine Sekunde wird mir blümerant zumute. Nichts als dieser Traum: einfach nur fliegen …

Wie kurz doch fünfzehn Minuten sein können! Langsam wird das Seil wieder eingezogen. Punktgenau und elegant lande ich auf dem Heck des Bootes. Und dann geht es zurück. Meine Beine sind jetzt noch wackeliger. Die Jungs müssen meinen Rolli holen und mich wie in einer Sänfte über die Pontons tragen. Sie machen sich einen Spaß draus. Und ich bin so was von „von der Rolle"! Von der Behinderten-Rolle. Obwohl jetzt wieder im Rollstuhl.

Ein paar Leute, die mich im Rollstuhl – vermutlich bedauernd – auf dem Campingplatz beobachtet hatten, sprachen mich danach an: „Kann es sein, dass Sie …?" Ja! Wirklich! Freunde zu Hause, denen ich das kleine Handyvideo zeigte, staunten: „Wahnsinn, nie im Leben würde ich …" Wahnsinn? Vielleicht. Mutig? Vielleicht.

Jedenfalls: Sage nicht, ich bin zu jung, zu alt, zu behindert, zu sonst was.

Fürchte dich nicht! Lebe deinen Spiel-Raum Freiheit. Den traumhaft himmlischen Moment. Dann kannst du Schweres leichter (er)tragen.

Von der Rolle – konkret

Beate Hofmann

Das Podium ist hell erleuchtet. In hellen Ledersesseln sitzen dort oben die, die es wissen und von denen wir etwas lernen wollen. Ich bin an jenem Tag eine von über fünfhundert Menschen im Saal: Unternehmer, Berater, Coaches, Wissenschaftler, Interessierte. Es geht um eine neue Führungs- und Arbeitskultur, eine sinn- und wertorientierte Kultur, die erfolgreich und praktisch umgesetzt wird. Für viele Unternehmen ist dies reichlich visionär und man orientiert sich an den wenigen Firmen, die bereits auf innovative Weise wirtschaftlich erfolgreich und menschlich am Potenzial und der Entwicklung orientiert arbeiten.

Zwischen den Experten auf dem Podium sitzt eine sehr junge blonde Frau. Ich beobachte ihre Körpersprache, während sie engagiert von den Erfahrungen in ihrer firmeneigenen Kultur-Entwicklungs-Werkstatt berichtet. Sie leuchtet förmlich. Es scheint ihr nahezu egal zu sein, ob sie vor zwanzig, zweihundert oder fünfhundert Zuhörenden spricht. Das ist ungewöhnlich. Denn in der Regel zählt die freie Rede zu den größten Hürden, die selbst gut vorbereitete und weltgewandte Menschen fürchten. Wenn jemand derart frei und begeisternd spricht, dann muss das gute

Gründe haben. Eine rhetorische Ausbildung allein reicht dafür nicht aus.

In der Pause komme ich dazu, mit der jungen Frau persönlich zu sprechen. Marie Koch ist unkompliziert, fröhlich und fachlich inspirierend. Als ich sie frage, wie es kommt, dass sie so jung schon zwischen den Experten sitzt und ihr Unternehmen Upstalsboom dort so souverän vertritt, erzählt sie mir von der Tour des Lebens, die sie dazu befähigt hat. Marie gehörte zu den Auszubildenden bei Upstalsboom, einem mittelständischen, norddeutschen Unternehmen, das Hotels und Ferienwohnungen betreibt.

Bodo Janssen, Geschäftsführer und Unternehmer, hatte einen außergewöhnlichen Blick auf die jungen Menschen im Unternehmen. Davon überzeugt, dass junge Auszubildende Mut und Zugang zu ihren eigenen Begabungen und Talenten brauchen und dass viel mehr in ihnen steckt, als sie selbst für möglich halten, kam er auf die Idee, ihnen eine außergewöhnliche Bergtour zu ermöglichen. Die „Tour des Lebens“ führte zu Afrikas höchstem Berg, dem 5.895 Meter hohen Kilimandscharo.

> “Ein außergewöhnlicher Blick auf junge Menschen.”

In monatelanger Vorbereitung lernten die Jugendlichen, was es bedeutet, eigene Fähigkeiten auszubauen, Rollen zu hinterfragen, Selbstblockaden abzubauen und mehr als das eigene Wohl in den Blick zu nehmen. Auf der Tour erlebten sie, was es bedeutet, aufzusteigen, Täler zu durchschreiten, sich aufzumachen und Hindernisse im Verbund mit der Gruppe zu überwinden, ein Ziel vor Augen sein Bestes zu geben. Grenzerfahrungen gehörten genauso dazu wie dieser einzigartige Moment auf dem Gipfel. Es wurde zur riesigen Herausforderung für die jungen Menschen, die sich dafür entschieden. Es flossen Schweiß und Tränen. Doch sie lernten, als es am Berg darauf ankam, sich selbst zu vertrauen und (fast) alles zu schaffen.

Zurück in Deutschland bestand die Aufgabe darin, diese Erfahrung mit anderen zu teilen, öffentlich zu reden und sich damit weiterzuentwickeln. Marie sagte damals: „Wenn ich den Kilimandscharo geschafft habe, wird die Ausrede ‚schaffe ich nicht' nie mehr gelten." Und das ist ein Grund, warum sie an jenem Tag so außergewöhnlich ruhig und zuversichtlich unter den wesentlich Älteren sprechen konnte.

Vor Jahren brachte ich von einem meiner Klosteraufenthalte einen Spruch mit, den ich dort in einem aufgeschlagenen Buch als Tagesinspiration aufgenommen hatte: „Du hast viel mehr Möglichkeiten, als du denkst, ganz zu schweigen von den Möglichkeiten, die Gott mit dir hat."

Mich hat es beflügelt, zu glauben, dass Gott etwas

mit mir vorhat. Marie hat es beflügelt, dass ihr andere viel zugetraut haben. Wer traut Ihnen etwas zu? Und was trauen Sie sich daraufhin in dieser Woche zu? Es gehört ein großes Selbstvertrauen dazu, sich auf andere Rollen und auf Erfahrungen jenseits unserer Wohlfühlzone im Leben einzulassen. Vor allem aber gehört ein tiefes Vertrauen, ein glaubendes Fürwahrhalten dazu, dass Gott uns einzigartig begabt und befähigt und wir die Aufgabe haben, dies in unserem Leben sichtbar zu leben.

Coaching-to-go-Tipps für mutige Rollenwechsel:

- **Spielerisch die Rolle wechseln**: Manchmal kann uns spielend etwas deutlich werden. Dazu ermutige ich Sie diese Woche. Suchen Sie sich zwei Übungsfelder, wo Sie experimentell und spielend eine ganz andere Rolle einnehmen. Dies kann in der Familie sein: Wer ist zuständig fürs Kochen, wer fürs Putzen oder für die Anrufe bei den Eltern, wer mäht den Rasen, bezahlt online die Rechnungen und wer holt die Kinder vom Kindergarten? Schlüpfen Sie bewusst einmal in die andere Rolle und trauen Sie sich Neues zu. Oder auch im beruflichen Umfeld: eine Woche lang mehr Fragen stellen als sie zu beantworten, mehr zuzuhören, als seine Meinung kundzutun, Entscheidungen zu treffen, statt sie anderen zuzuschieben oder gerade anders herum, eine Entscheidung zu beraten und nicht sofort selbst zu treffen.

- **Rollen wahrnehmen**: Kennen Sie alle Rollen, die Sie einnehmen? Meistens sind wir uns der Vielfalt nicht unmittelbar bewusst. Eine sehr schöne Übung ist es, sich Symbole (Gegenstände oder Fotos) für die Rollen zu überlegen, die man aktuell innehat (zum Beispiel die kleine Gießkanne als Symbol für die Rolle als Hobbygärtnerin, der Ring als Symbol für die Partnerschaft, der Computer steht für den Beruf, der Fußball für den Sportler etc.). In der Regel schwächt es uns, wenn wir zeitgleich zu viele Rollen innehaben. Wählen Sie fünf Rollen aus, die Sie sehr bewusst annehmen und ausfüllen wollen.

Gibt es eine Rolle, die neu ist und die Sie locken könnte? Mit wem wollen Sie sich darüber austauschen?

VOM MUT, AUS DER ROLLE HERAUSZUTRETEN

Christian Behr

„Wir treten aus unseren Rollen heraus. Die Situation in unserem Land zwingt uns dazu.“ So beginnt eine „Resolution von Kollegen des Staatsschauspiels Dresden“, die erstmals am 6. Oktober 1989 nach einer Abendvorstellung im kleinen Haus verlesen wurde.

> “ Die Sicherheiten verlassen und sich auf unsicheres Terrain begeben. ”

Heute kann man die Überschrift „Wir treten aus unseren Rollen heraus“ an einer Tafel am Schauspielhaus lesen, die zum „Dresdner Revolutionsweg“ gehört. Dieser Weg soll, wenn er einmal ganz fertig sein wird, an siebzehn verschiedenen Orten in Dresden an die friedliche Revolution erinnern. Zu den Erinnerungsorten gehören einige Kirchen – aber eben auch das Staatsschauspiel. Orte, an denen deutlich wurde, was es bedeutet, wenn Menschen ihre Angst verlieren, wenn sie nicht mehr die ihnen zugewiesenen Rollen einnehmen. Wenn sie ausbrechen aus dem Althergebrachten, ja auch ihre Sicherheiten verlassen und sich auf unsicheres Terrain begeben.

Das ganze Leben des Propheten Jeremia, meines

„Lieblingspropheten", war von solchen scheinbaren Unsicherheiten geprägt. Davon, dass er immer wieder Grenzen der gesellschaftlichen und politischen Konventionen überschritt, um auf Missstände aufmerksam zu machen. Für mich hat das immer noch am eindrücklichsten Franz Werfel in seinem Roman „Jeremias – Höret die Stimme" beschrieben. Vielleicht ist nicht mehr alles an heutigen historischen und theologischen Forschungen messbar, was Werfel hier beschreibt. Aber er lässt das Leben des unbeugsamen, manchmal auch innerlich zerrissenen und oft angefeindeten Propheten plastisch vor unseren Augen auferstehen.

Besonders der Anfang des Prophetenbuches, die Berufungsgeschichte des Propheten Jeremia, hat mich immer wieder beeindruckt. Da stellt sich keiner hin, der vielleicht in seinem jugendlichen Sturm und Drang meint, alles schon zu können. Nein, auf die Ansage von Gott, dass er zum Propheten berufen werden soll, antwortet er: „Ach, Herr Herr, ich tauge nicht zu predigen; denn ich bin zu jung." Es klingt nach einer Ausflucht. Aber diese Ansage birgt zwei Begründungen. Die eine ist, dass Jeremia sich selbst für zu unreif zur Verkündung von Gottes Botschaften hielt. Und die andere ist, dass junge Männer in diesem Alter eigentlich in der Gesellschaft noch nichts zu sagen hatten. Er musste also gegen die innere Angst und gegen die gesellschaftliche Konvention angehen, wenn er sich getraute, öffentlich zu sprechen; aus seiner, ihm zugewiesenen Rolle herauszutreten. Aber Gott sagt zu ihm: „Fürchte dich nicht vor ihnen (den Königen, den Konventionen); denn ich bin bei dir und will dich erretten."

„Ich kann das nicht. Ich bin zu jung. Ich bin zu alt. Ich habe keine Zeit. Ich habe keinen Mut, ich habe keine Kraft mehr" – welche Ausflucht, welche Ausrede ist unsere eigene, unsere Lieblingsausrede?! Vielleicht auch mit guter, nachvollziehbarer Begründung? Gott wischt das nicht einfach weg. Aber er macht Mut, auch mal aus einer solchen, wohl oft auch selbst gefundenen Rolle auszubrechen. „Du bist nicht zu jung; du bist nicht zu alt; du kannst das; versuch's doch erst mal – ich bin mit dir."

Die Demonstrantinnen und Demonstranten im Herbst 1989 in Plauen, Dresden und Leipzig; die oft spontan gebildeten Bürgerkomitees, wie die „Gruppe der 20" in Dresden, konnten nicht lange und immer wieder überlegen, welche Ausflüchte ihnen einfielen, um nicht zu reden und miteinander friedlich zu handeln. Vielleicht wurde doch vielen von ihnen zuvor in den beteiligten Kirchen zugesprochen „Fürchte dich nicht vor ihnen, denn ich bin bei dir." Sie waren wie von der Rolle, sie traten aus den zugewiesenen Rollen heraus und haben Veränderung bewirkt.

Jeremia hat das sein ganzes Leben getan. Immer wieder hat er die Menschen durch unvorhersehbare Zeichenhandlungen und enthüllende Predigten verblüfft. Das war kein einfaches Leben für ihn. Aber er wusste einen an seiner Seite, der ihm immer wieder zusprach: „Fürchte dich nicht – ich bin mit bei dir.“

Wie wäre es, wenn Sie an einem Punkt in dieser Woche Ihre Komfortzone verlassen und sich trauten, etwas anders zu machen? Probieren Sie es aus! Was meinen Sie, was passiert, und was ist tatsächlich passiert?

ZU SO WAS MUSS MAN GEBOREN SEIN

Andreas Malessa

Um eine fest zugedrehte Thermoskanne zu öffnen, braucht man beide Hände. Ihre linke hielt aber die kurze Holzlatte mit dem Pappschild hoch „Omas gegen rechts“. Seit über einer Stunde schon. In der prallen Sonne. Mit der freien Hand ertastete sie das ersehnte Gefäß in ihrem Jutebeutel. Hedwig trat vom Straßenrand zurück, blickte suchend die Häuserreihe entlang – da! Ach wie gut, ein Gartenmäuerchen – stellte das Plakat und die Kanne ab, öffnete den Deckelbecher, goss sich Ingwertee ein, prüfte die relative Sauberkeit der kniehohen Mauerfläche und setzte sich.

> “ Du bist zu alt für so was! ”

Wie heftig hatte Herrmann sie gewarnt, mit ihren vierundsiebzig Jahren mitzumachen bei dieser Gegendemo! „Du bist zu alt für so was. Was ist, wenn dich die Nazis angreifen, wenn die Polizei auf Pferden geritten kommt, wenn du vor Aufregung hyperventilierst? Zur Revolutionärin muss man geboren sein, Schatz. Das bist du nicht, das bist nicht du!“

Wie oft hatte sie in ihren Tagträumen heldenhaft in die Trillerpfeife gepustet, falls die Rechten Hetztiraden skandieren sollten! Wie schön war der Gedanke, ein Fernsehteam könne sie interviewen, und dann würde sie von ihrer Flüchtlingshilfe erzählen. Ganz kurz natürlich, aber in der Tagesschau!

Hedwig nahm einen zweiten Schluck und streckte ihre müden Beine. Die fremden Hooligans mit den schwarzweißroten Fahnen und die ortsansässigen AfD-Granden skandierten gar nichts. Trotteten nur grimmig schweigend durchs Spalier der Polizisten. Dahinter radelten Gegendemonstranten in Fahrradschwärmen herum und schwenkten Regenbogenfahnen. Hedwigs „Omas gegen rechts"-Plakat lehnte an einem schattigen Mäuerchen. Ungesehen.

„Als Rudi Dutschke die 68er Proteste anführte, war ich Anfang zwanzig und schwanger. Fand mich viel zu jung dafür." Hedwig murmelte gedankenverloren vor sich hin, während junge Mädchen ihr im Vorübergehen mit Bierdosen zuprosteten.

„Dann wurde Martin geboren. Kam als Teenager mit einem lila Halstuch vom Evangelischen Kirchentag 1983 und wollte es im Unterricht tragen. ‚Frieden schaffen ohne Waffen', ja von wegen! Was versteht ein Vierzehnjähriger von Sicherheitspolitik im Kalten Krieg? Herrmann nahm es ihm weg."

Ein kleiner weißer Malteser schnupperte an Hedwigs Thermoskanne. Am Ende seiner Hundeleine eine Frau, die das zu spät bemerkte. „Aus, Schnucki, lass das!", rief sie jetzt. Schnucki hob das Bein an

Hedwigs Plakatstange. Sein Frauchen zog ihn gerade noch zur Seite. „Bitte entschuldigen Sie“, ihr Blick fiel auf das Plakat. Sie grinste. „Oma bin ich auch, hehe, aber …“

„Dann demonstrieren Sie doch mit“, unterbrach Hedwig sie.

„Och, das macht ja freitags meine Enkelin.“

Die Passantin spürte, wie ihr weißer Staubwedel auf vier Pfoten an der Hundeleine zerrte und weiter wollte.

„Die ist Greta-Fan, wissen Sie, Klimawandel und so“, sagte sie im Weggehen über die Schulter, „ich finde, die Kleine ist zu jung dafür.“

„Und Sie sind zu alt?“, rief ihr Hedwig hinterher.

Sie schaute auf die Uhr, spülte rechtzeitig die jetzt nötige Blutdrucktablette mit dem letzten Rest Ingwertee hinunter und erhob sich.

„Und meine Enkelin? Martins Tochter …“, flüsterte sie in sich hinein und nahm entschlossen ihr Plakat wieder zur Hand, „… ist die mit ihren dreiundzwanzig schon zu alt, um bei Fridays-for-Future mitzumachen? Schulfrei kriegt sie von ihrem Ausbilder für so was nicht.“

Am Spätnachmittag dieses Tages – der Rechtenaufmarsch und die Gegendemo waren zum Glück friedlich zu Ende gegangen – stellte Hedwig zu Hause fest, dass sie ihre Thermoskanne auf dem Mäuerchen vergessen hatte.

„Sachichdoch“, murmelte Herrmann.

Welche Dinge wollten Sie schon immer mal tun und haben Sie bisher vor sich hergeschoben, weil Sie sich zu jung, zu alt oder sonst wie nicht in der Lage fühlten? Und wenn Sie doch einfach mal ein Vorhaben davon angehen würden?

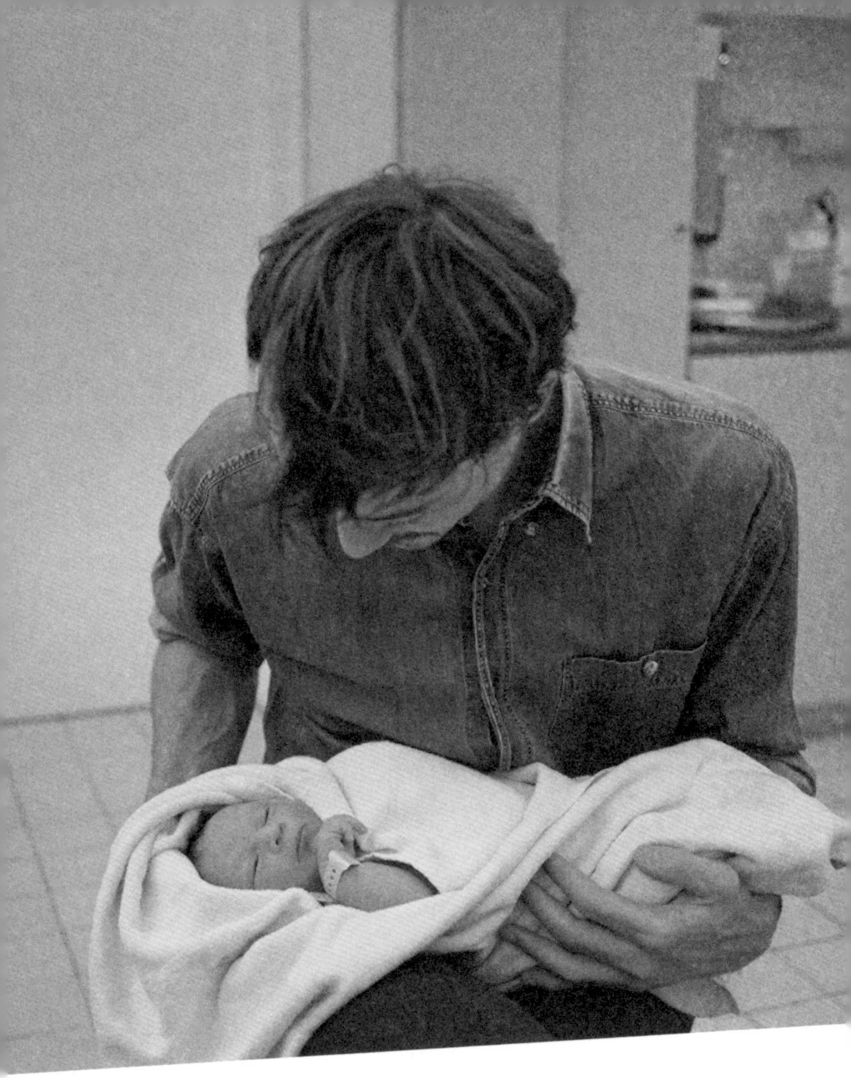

7 WOCHEN OHNE

Das Spiel mit dem Nein / 3

Und der König von Ägypten sprach zu den hebräischen Hebammen, von denen die eine Schifra hieß und die andere Pua: Wenn ihr den hebräischen Frauen bei der Geburt helft, dann seht auf das Geschlecht. Wenn es ein Sohn ist, so tötet ihn; ist's aber eine Tochter, so lasst sie leben. Aber die Hebammen fürchteten Gott und taten nicht, wie der König von Ägypten ihnen gesagt hatte, sondern ließen die Kinder leben. Da rief der König von Ägypten die Hebammen und sprach zu ihnen: Warum tut ihr das, dass ihr die Kinder leben lasst? Die Hebammen antworteten dem Pharao: Die hebräischen Frauen sind nicht wie die ägyptischen, denn sie sind kräftige Frauen. Ehe die Hebamme zu ihnen kommt, haben sie geboren. Darum tat Gott den Hebammen Gutes.

2. Mose 1,15–20

Das Spiel mit dem Nein

Susanne Breit-Keßler

BIBLISCHE MINIATUR ZU 2. MOSE 1,15–20

Mitlaufen, mitmachen … eine große Verlockung. Immer und überall. „Cosi fan tutte" – es machen doch alle so. Oder: „Wenn wir es nicht machen, dann machen es andere." Schon ist man dabei, fühlt sich gut und sehr sicher deswegen, hat es bequem. Man braucht nicht lange nachzudenken. Das tun andere für einen. Die beiden Hebammen hätten dem Pharao ohne Grübeln folgen können und wären dafür auf jeden Fall unbehelligt geblieben, möglicherweise sogar reicht entlohnt worden. Oder wenigstens nicht unangenehm aufgefallen. Auch schon was.

Aber sie wollten nicht. Die Frauen haben die geistige Enge des blinden Gehorsams verlassen und ihren Spielraum zugunsten anderer Frauen und ihrer Kinder genutzt. Nein sagen, das kostet Kraft. Man muss widersprechen, sich widersetzen, gehört einer Minderheit an oder steht womöglich ganz allein auf weiter Flur. Aber nicht einfach mitzumachen bedeutet, Möglichkeiten des eigenen Lebens auszuschöpfen, zu spüren, dass man ein freier Mensch ist, der selber denken, entscheiden, handeln kann. Auch, wenn es riskant sein kann.

Manchmal wird im Rückblick auf dunkle Zeiten gesagt: „Damals war das eben so ..." Das ist argumentativ vollkommen daneben und stimmt nie. Denn beispielsweise schon zu Beginn des Naziterrors gab es Menschen, die tapfer ihre Spielräume nutzten, auch wenn sie klein schienen, die befreit waren zum Widerstehen. Sie haben wie die Hebammen gesehen, dass Gemeinheiten und Gewalt Phasen haben, in denen sie vielleicht noch gestoppt werden können. Und später haben wenige das getan, was sie konnten, um Leben zu retten – und wenn es eines war.

Zum Glück geht es im Alltag nicht immer um alles oder nichts, um Leben oder Tod. Aber es geht dennoch um viel. Andere reden schlecht über einen Menschen, der nicht anwesend ist. Bin ich so blockiert von meiner Angst, mich unbeliebt zu machen, aus der Reihe zu tanzen oder von meinem Wunsch zu gefallen, anderen angenehm zu sein, dass ich schweige, gar mitmache? Oder nutze ich meinen

Spielraum, setze mich schon mal verbal ab von Hetzern und Verleumdern, um so eine Gruppe dann gänzlich zu verlassen?

Hebammen sind wörtlich genommen weibliche Vorfahren, Ahninnen, die ein Neugeborenes behutsam aufheben und liebevoll halten. Diese „Wehmütter" beraten und betreuen während der Schwangerschaft, der Geburt, während des Wochenbetts und danach. Das verstehe ich gerne auch im übertragenen Sinn. Denn unsereins, ob Frau oder Mann, kann täglich weise und fürsorgliche Heb-Amme sein: Ein Mensch, der innere und äußere Blockaden überwindet, um dem Leben der Seele, des Geistes und des Körpers zum Sieg zu verhelfen.

Erleben Sie Ihre Woche mal ganz bewusst: An welcher Stelle ist Ihr Widerstand gefragt?

MIT LIST UND MUT

Christian Nürnberger

Der König hat Angst. Hat Angst vor Menschen, deren Vorfahren einst durch einen Zufall ins Land gekommen waren. Josef hieß dieser Zufall, der Mann, der von seinen Brüdern beinahe umgebracht worden wäre, aber im letzten Moment als Sklave nach Ägypten verkauft werden konnte. Er blieb kein Sklave, sondern machte Karriere am Hof des Pharao, stieg zum zweitmächtigsten Mann im großen ägyptischen Reich auf und bat den Pharao eines Tages, seinen Vater Jakob, seine Brüder und die ganze Familie nach Ägypten holen zu dürfen. Die Bitte wurde ihm gewährt.

Seitdem leben Josefs Nachkommen, Hebräer genannt, in Ägypten, vermehren sich, wachsen im Lauf der Zeit zu einem großen Volk heran, beten einen fremden Gott an, vermischen sich nicht mit den Ägyptern, deren Götter sie ablehnen, aber leben in friedlicher Koexistenz mit den Ägyptern – bis den Pharaonenthron ein Mann besteigt, der von diesen Anfängen und von Josef nichts weiß. Er sieht nur: Da leben mitten in seinem Reich Fremdlinge in großer Zahl, und sie sind sehr fruchtbar.

Und fragt sich: Was ist, wenn das immer so weitergeht? Was ist, wenn das Reich von außen angegriffen wird und diese Fremden die Gelegenheit nutzen, um ihn, den König, zu stürzen? Den König befällt jene Krankheit, die den Blick für vorhandene Spielräume trübt und kluges Handeln verhindert: Angst.

Der ängstliche König fühlt den Zwang, etwas zu unternehmen. Dafür gäbe es viele Möglichkeiten. Der Spielraum eines mächtigen Herrschers ist groß. Er könnte versuchen, die Fremdlinge kennenzulernen, sich für sie zu interessieren. Er könnte versuchen, vertrauensbildende Maßnahmen zu ergreifen. Er könnte versuchen, mit ihnen zum beiderseitigen Nutzen zusammenzuarbeiten. Er könnte versuchen, die friedliche Koexistenz zu einem friedlichen Miteinander weiterzuentwickeln.

> „Angst ist eine Krankheit, die Spielräume auffrisst."

Das alles tut er nicht. Seine Angst schnürt seinen tatsächlich vorhandenen Spielraum scheinbar ein. Seine Angst ruft ihm zu: Dieses fremde Volk darf nicht weiter wachsen.

Um das Wachstum zu unterbinden, versucht er es zunächst mit Unterdrückung, zwingt die Hebräer zu schwerer Fronarbeit, weil er denkt, das senke die Geburtenrate. Aber das Gegenteil geschieht. Das steigert die Angst des Königs so sehr, dass er am Ende glaubt, nur noch eine einzige Möglichkeit zu haben: Er lässt zwei Hebammen dieses Volkes rufen, Schifra und Pua, und befiehlt ihnen, die neugeborenen Söhne zu töten. Wie werden sie darauf reagieren? Haben sie eine Wahl? Sie wissen: Wer sich einem Befehl des mächtigen Herrschers widersetzt, ist des Todes. Ihr Spielraum ist gleich null. Scheinbar.

Tatsächlich verschaffen sie sich Spielraum mit Hilfe der Mittel, die jedem Ohnmächtigen zur Verfügung stehen: Mut und List. Mutig setzen sie sich über den Befehl des Königs hinweg. Lassen die neugeborenen Söhne einfach am Leben. Als der Pharao das erfährt und die Frauen zur Rede stellt, antworten sie ihm listig: „Die hebräischen Frauen sind nicht wie die ägyptischen, denn sie sind kräftige Frauen. Ehe die Hebamme zu ihnen kommt, haben sie schon geboren."

Der Kampf ist damit nicht gewonnen, denn der König gibt so schnell nicht auf. Nun befiehlt er seinen eigenen Leuten, die neugeborenen Söhne in den Nil zu werfen.

Aber die Hebräer haben durch den Mut und die List der beiden Hebammen zunächst einmal Zeit gewonnen. Wertvolle Zeit. Denn während dieser Zeit wird der Befreier des unterdrückten Volkes geboren: Mose.

Wieder ist es eine mutige Frau, die zunächst Zeit gewinnt, indem sie ihren neugeborenen Sohn versteckt, so lange, bis sie gewärtigen muss, dass die Sache ans Licht kommt. Daher legt sie ihren Sohn eines Tages in ein schwimmendes Kästlein und setzt es auf dem Nil aus in der Hoffnung, dass jemand das Kind entdecken und sich seiner annehmen werde. Die Hoffnung erfüllt sich. Die Tochter des Pharaos entdeckt das schwimmende Babykörbchen, zieht es aus dem Nil, nimmt es mit nach Hause an den Königshof. Dort wächst der Mann heran, der sein Volk aus Ägypten führen wird in die Freiheit, in den Bund mit seinem Gott.

Die Bibel kennt viele Geschichten, in denen Frauen mit Mut und List dafür sorgen, dass die immer am seidenen Faden hängende Geschichte Gottes mit seinem Volk weitergeht. Diese Frauen eröffnen sich und anderen Spielräume, die vorher keiner sah. Womit sie beweisen, dass Mut keine Eigenschaft ist, die nur dem Mann vorbehalten ist.

Diese „Frauengeschichten“ sind auch deshalb so bemerkenswert, weil sie von Männern geschrieben wurden. An den Frauen, die einfach mal Nein sagten zu den an sie herangetragenen Erwartungen, kamen sie offenbar nicht vorbei. Daher weiß die Bibel ein Lied davon zu singen, welche Spielräume sich eröffnen, wenn Frauen mit List und Mut aus den ihnen zugedachten Rollen fallen. Bis heute gefällt das nicht allen Männern.

FASTEN UND NACHDENKEN

Jan Schönfelder

Alle Jahre wieder reiste Bundeskanzler Helmut Kohl über die Osterfeiertage ins österreichische Bad Hofgastein, um sich selbst zu kasteien. Helmut Kohl absolvierte die vierzehntägige Tee- und Semmel-Diät fern der Familie und fern aller Bonner Politik. Die selbst auferlegte strenge Bußübung hatte Tradition.

Helmut Kohl, der Riese aus Kurpfalz, der so ungern auf Süßigkeiten verzichtete, hatte sich über die Jahre mehr 112 Kilogramm Gewicht angefuttert – bei 193 Zentimetern Körperlänge. Wellfleisch, Bratwurst, Schlachteplatte, Nudeln, Tortellini, Spaghetti Bolognese, Zwetschgenkuchen, Apfeltorte – um nur seine erklärten „Lieblingsspeisen“ zu nennen – tauschte er in der Karwoche gegen Tee, Mineralwasser und trockene Semmeln.

Bei der strengen Fastenkur ging es nicht nur darum, allen kulinarischen Genüssen zu entsagen. Über den Sinn des Fastens sagte der Kanzler, dass das Fasten Bestandteil „aller wichtigen Religionen der Welt“ sei: „Fasten ist eben nicht abspecken, sondern ein Konzentrieren.“ Natürlich sei eine solche Nulldiät am Anfang schwierig. „Am dritten Tag kommt die Krise, aber für das Denken und Nachdenken ist es optimal.“

Angeblich verzichtete Kohl jedes Jahr mit Erfolg: Täglich will er ein Pfund verloren haben, so wurde es jedenfalls aus seiner Umgebung jährlich für die Presse verbreitet. Doch Insider wissen, dass es mit einer gezielten Entschlackungskur bei Kohl nie weit her war, die Stimmung sei schnell in den Keller gerutscht, die Pfunde seien dagegen nicht gepurzelt.

Allerdings konnte Kohl tatsächlich verzichten und Nein sagen, wenn es darauf ankam. Ende Mai 1988 reiste Kohl zusammen mit Ehefrau Hannelore, Sohn Peter und engen politischen Vertrauten für drei Tage privat in die DDR. Gotha, Erfurt, Weimar und Dresden standen auf der Reiseroute. Die DDR-Führung hatte die Privatreise genehmigt. Sie kannte lediglich die Übernachtungsorte in Weimar und Dresden sowie Kohls Wunsch, eine Aufführung in der Dresdner Semperoper zu besuchen. Dort hatten die Sicherheitsorgane für den Kanzlerbesuch alles vorbereitet: Der Intendant war aus dem Urlaub zurückbeordert und die Sitzplätze rund um Kohls Gruppe waren mit Stasi-Ehepaaren besetzt worden. Auch für die Pausen in der stundenlangen „Tannhäuser"-Aufführung war vorgesorgt worden. Kohl sollte von den übrigen Besuchern abgeschirmt werden, um unerwünschte Kontakte zu

> „Das Spiel durchschauen, um Spielräume zu gewinnen."

DDR-Bürgern oder gar Ausreisewilligen zu unterbinden. Die Stasi kannte Kohls Schwäche und hatte eine Idee, wie man den Bundeskanzler binden könnte. Ein Begleiter von Kohl erinnert sich: „In der ersten Pause wurden wir vom Intendanten in ein Séparée geführt und mit Krimsekt und Häppchen vom Allerfeinsten bewirtet." Kohl aber roch quasi den „Braten". Kohl sagte: Nein.

Er verzichtete auf all die Leckereien und Süßigkeiten. Stattdessen mischte er sich zusammen mit Ehefrau Hannelore unter die Menschen in den Gängen und vor der Oper. Sie bekamen zahlreiche Zettel mit den Adressen von Ausreisewilligen zugesteckt. Auf ein Programmheft schrieb eine Familie beispielsweise: „Sehr geehrter Herr Bundeskanzler! Das Glück ist heute ganz auf unserer Seite. Auch wir möchten vorwärts und nicht mehr rückwärts sehen. In Anbetracht dieses wunderschönen Abends schenken Sie uns bitte für unser Anliegen Ihre Fürsprache. Danke, danke".

Kohl half. Während des dreitägigen DDR-Besuchs hatte er mehr als einhundert Adressen von Ausreisewilligen erhalten. Bis zum Jahresende kamen alle in die Bundesrepublik.

Ostern 1989 fuhr Kohl wieder nach Bad Hofgastein, um bei seiner Tee- und Semmel-Diät Kraft zu tanken und nachzudenken.

Das Spiel mit dem Nein – konkret

Beate Hofmann

Jedes Nein beruht auf einem großen Ja. Das zumindest ist eine der Haupterkenntnisse, die Seminarteilnehmer aus einem Seminar zur Selbstfürsorge und besseren Zeitgestaltung mitnehmen können.

Wie bitte? Was hat denn das Ja damit zu tun, wenn wir uns gegen etwas entscheiden, fragen sich manche von Ihnen vielleicht. Das ist ziemlich leicht zu beantworten. Es bedeutet, dass ich zuerst Klarheit brauche über das, was ich aus vollem Herzen will und wozu ich Ja sagen kann. Wer seine Kinder liebt und sie ins Leben begleiten will, der will Zeit mit ihnen verbringen. Er hat ein Ja dazu, weil ihm diese kleinen Menschen wesentlich und wertvoll sind. Folglich wird er es einfach haben, zusätzliche Überstunden abzulehnen oder den Besuch der alten Schulfreunde vom Sonntagnachmittag eher auf einen Dienstagabend zu verlegen, um Zeit mit seinen Kindern zu erleben. Es ist dann eben schöner, gemeinsam mit ihnen auf den Sportplatz zu gehen, als mit den Kumpels in der Sportbar zu sitzen. Eigentlich ganz logisch. Doch warum tun wir uns dann in der Praxis so schwer, Nein zu sagen und zu dem zu stehen, was uns wahrhaftig wertvoll ist?

Die meisten würden wohl zustimmen, wenn ich behaupte: „Nein zu sagen ist nervig." Denn wir fühlen uns in der Regel höchst unwohl damit. Es braucht schon gute Gründe und einen festen Standpunkt oder eine gehörige Portion Abgebrühtheit, um dabei souverän aufzutreten und nicht im letzten Moment doch noch einzuknicken. Daher lösen die meisten von uns das mit dem „Nein", indem sie ein „Jein" verwenden. Also nicht gleich die Anfrage ablehnen, eine Tür angelehnt lassen, auf später verschieben oder andere Gründe vorschieben. Da sind der Kreativität kaum Grenzen gesetzt. Ganz besonders heikel wird es, wenn wir Position beziehen müssen gegenüber jemandem, der die Macht hat, uns zu schaden, sofern wir seinem Ansinnen mit einem Nein begegnen.

So wie bei den Hebammen, deren stummes Einverständnis von einem Herrscher wie dem Pharao vorausgesetzt wurde. Doch er übersieht, dass es das innerste Anliegen und die Berufung einer Hebamme ist, Leben in die Welt zu bringen, statt Leben zu verhindern. Die Hebammen umgehen die Konfrontation. Sie folgen ihrem Herzen und ihren Werten und dabei sind sie ziemlich einfallsreich.

In der professionellen Beratung würde man analysieren, dass die beiden einen extremen Wertekonflikt gehabt haben müssen. Ihre innersten Überzeugungen stehen im Widerspruch zu dem, was von ihnen erwartet wird. Ich glaube, viele von uns kennen Situationen aus ihrem Leben, in denen man mit sich ringt und unsicher ist, wie man sich verhalten soll. Dabei ist uns klar, dass wir uns selbst schwächen, wenn wir entgegen unseren innersten Überzeugungen handeln. Das macht auf Dauer psychisch kaputt. Also wahrhaftig sein und sehr kreativ nach einer Lösung suchen – das ist mutig. Vielleicht so wie die EKD, wenn sie ein Schiff unterstützt, was Menschen vor dem Ertrinken im Mittelmeer rettet, und zugleich weiß, dass damit die Flüchtlingsfrage nicht gelöst wird. Doch das große Ja zum Leben, das wird dadurch sichtbar.

Coaching-to-go-Tipps, um spielend Nein zu sagen:

- **Das Wollen wollen**
  Sie dürfen wieder mehr das Wollen betonen. Wenn Sie sagen, was sie wollen, dann wird klar, was Sie eben auch nicht wollen. Die griechischen Philosophen sagten: „Im Nichtwollen liegt der Grund. Das Nichtkönnen ist nur die Ausrede.“ Wenn Sie nicht wollen, dann geht es Ihnen besser, wenn Sie dies auch so formulieren, und das wiederum funktioniert dann am besten, wenn Sie formulieren, was Sie stattdessen wollen. Beispielsweise: Ich will heute Abend mein Buch fertig lesen. Daher komme ich nicht mit zum Essen. Probieren Sie das häufig in

unverfänglichen Situationen aus. Es wird Ihr Bewusstsein schärfen, damit Sie auch in kniffligeren Situationen leichter formulieren können, was Ihnen wichtig ist.

- **Alles, nur kein Nein! – eine spielerische Idee**
  Machen Sie doch einmal ein Spiel aus dem Umgang mit dem Nein. Zwei Personen spielen gegen- bzw. miteinander. Es geht darum, das Gegenüber in ein Gespräch oder Fragespiel zu verwickeln und ihm ein Nein zu entlocken. Sobald es passiert ist, wechseln die Rollen. Im Anschluss lässt sich gut darüber sprechen, wie es uns mit dem Neinsagen im Alltag geht.

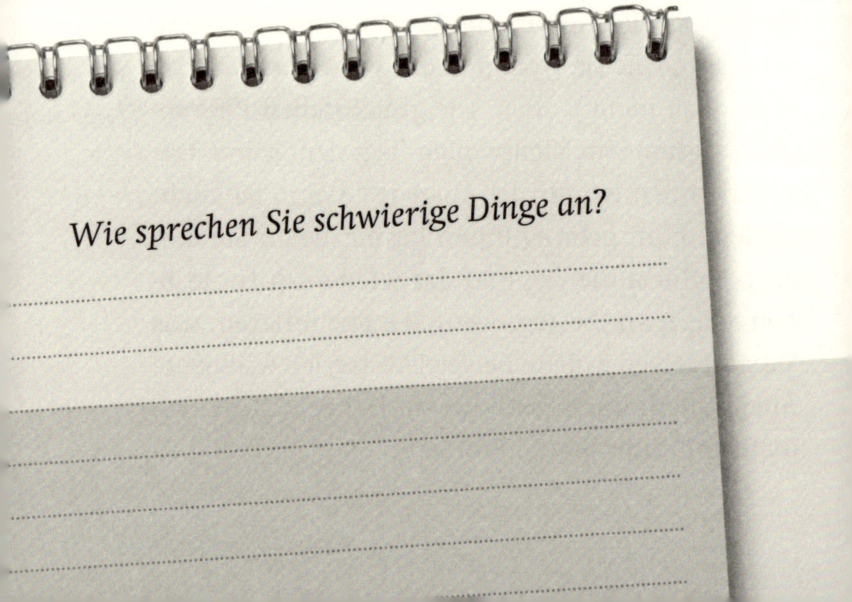

VON DER FREIHEIT, NEIN ZU SAGEN – ODER NICHT

Volker Jung

Irgendwann hat mir mal jemand einen Zettel geschenkt, auf dem stand einhundert Mal das Wort „Nein“. „Die kannst du dir ausschneiden und benutzen, wenn du mal wieder nicht Nein sagen kannst.“ Das war gut gemeint. Es sollte mich davor schützen, mir zu viel aufzuladen. Diejenige, die mir den Zettel geschenkt hat, kennt mich gut. Ich kann nicht gut Nein sagen, wenn ich eingeladen werde – zu einem Gottesdienst, einem Vortrag, einer Podiumsdiskussion. Meistens ist die Anfrage ja auch mit Komplimenten garniert. Damit stehe ich nicht allein. Manche kokettieren auch gerne damit, nicht Nein sagen zu können, um zu zeigen, wie beschäftigt und engagiert sie sind. Das habe ich sicher auch schon mal getan. Nicht Nein sagen zu können oder auch nicht Nein sagen zu wollen, kann so aber zu einer echten Blockade werden. Insofern war der Zettel ein wirklicher Anstoß, darüber nachzudenken, ob es nicht besser wäre, ab und zu mal konsequenter und schneller Nein zu sagen. Ich habe mir das damals jedenfalls vorgenommen und habe auch dazugelernt. Nein sagen kann befrei-

> “ Nein sagen kann befreien. ”

en. Damit wird eine Blockade gelöst, nämlich zu meinen, allem und allen irgendwie gerecht werden zu müssen.

Es gibt aber auch eine andere Blockade: Wenn jemand grundsätzlich Nein sagt, ohne die Folgen zu bedenken. Manche hatten erwartet, dass die Kirchen bei den Corona-Schutzmaßnahmen dem Staat ein grundsätzliches Nein entgegenhalten. Ein grundsätzliches Nein im Namen der Religions- und Versammlungsfreiheit. Keine Frage, ein grundsätzliches Nein kann nötig sein, wenn Religionsfreiheit eingeschränkt wird. Oder wenn Menschen in ihrer Würde verletzt werden. Die hebräischen Hebammen, die sich der Anordnung des Pharao widersetzen, sind hier ein gutes Beispiel. Ein grundsätzliches Nein wird aber dort zur Gefahr, wo es als Prinzip nicht dem Leben dient. Dies wäre bei einem Nein zu den Corona-Maßnahmen der Fall gewesen. Hätten die Kirchen mit einem grundsätzlichen Nein eingefordert, dass Menschen immer zu Gottesdiensten zusammenkommen können, dann hätte dies im Frühjahr, bei allem, was wir wissen, Menschen in Gefahr gebracht. Auch das ist wirkliche Freiheit: auf ein mögliches Nein zu verzichten – um der Menschen und des Lebens willen.

MÄRCHEN FÜR ERWACHSENE

Christian Engels

Mein größter Held als Kind war Till Eulenspiegel. Und ich glaube, er ist ein idealer Held für alle Kinder, die sich frei von den Eltern machen wollen, oder von anderen Autoritäten. Ich habe das einmal durchgespielt. Denn ich hatte selbst einen Till-Eulenspiegel-Moment, in der zweiten Klasse. Ich unterhielt mich angeregt mit meinem Nachbarn in unserer Bankreihe, und unsere Lehrerin rief mir zu: „Christian, wenn du glaubst, dass du den Unterricht nicht nötig hast, kannst du ja nach Hause gehen." Und ich packte meine Sachen, stand auf, kletterte über die anderen und ging nach Hause. Alles ganz ruhig, weil die Lehrerin es mir ja erlaubt hatte, und als meine Mutter sich wunderte, warum ich so früh aus der Schule kam, erklärte ich ihr, ich hätte frei bekommen. Die Lehrerin machte eher sich selbst als mir Vorwürfe.

Aber das ist eben die Till-Eulenspiegel-Methode: Befehle scheinbar erfüllen und genau dadurch vorführen, wie absurd sie sind. Es ist die Methode, mit der sich die Schwachen gegen die Starken wehren können, die Unterdrückten gegen die Herrschenden. Die Geschichte aus dem Buch Exodus, in der die Hebammen den unmenschlichen Befehl, alle männlichen Babys zu töten, unterlaufen, ist eine Variation davon.

Sie widersprechen dem Befehl nicht, sondern sie lügen, dass sie den Befehl gerne erfüllen würden, aber leider, leider nicht in der Lage dazu seien.

Es ist eine schöne Geschichte, aber sie ist wahrscheinlich so nicht passiert. Die Ägypter waren sicher nicht so naiv, die Lüge der Hebammen zu glauben, und wenn doch, hätten sie ein anderes System gefunden, um das Wachsen des israelischen Volkes vor ihren Augen zu stoppen. Die Geschichte ist ein Märchen. Aber das gilt auch für Till Eulenspiegel. Geschichten davon, wie die Mächtigen hereingelegt werden, sind in der Realität so selten, dass man sie erfinden muss für diese Aussage: Habt Mut! Seid klug! „Sapere aude", wie Immanuel Kant gesagt hat. Till Eulenspiegel ist also ein Aufklärer. Und nicht nur er. „Seid klug wie die Schlangen und sanft wie die Tauben" (Matthäus 10,16). – Jesus' Parabeln klingen auch wie Märchen, und er wusste, warum er so erzählte. Ich glaube, dass auch wir Erwachsenen manchmal Märchen brauchen, um uns Mut zu machen, damit wir Klugheit einsetzen, um kreativ und frei zu sein. Es ist nicht immer leicht, denn es können nicht alle so nette Lehrerinnen haben wie ich damals. Aber es ist einen Versuch wert. Da treffen sich der Narr und der Sohn Gottes, Till Eulenspiegel und Jesus.

NEIN, EHRLICH GELOGEN!

Andreas Malessa

Darf man lügen, um Leben zu retten? Ja, darf man, sagt die Bibel. Muss man im Notfall sogar, ist moralisch geboten. Jannik mag die Dokus und Reportagen, die – jedes Jahr zum Holocaustgedenktag Ende Januar – von mutigen Lügnerinnen erzählen, die Juden versteckten. Und jedes Jahr im Herbst die Filme von tapferen DDR-Dissidenten, die hartnäckig Nein sagten und niemanden an die Stasi verrieten.

> „Mutige Lügen können Leben retten."

Wie bequem sich der eigene Autositz ums Becken schmiegt, wenn man auf winzigen Stühlchen im Kindergarten saß! „Wenig Spielraum für den Hintern", hatte er anfangs noch gewitzelt. Jetzt atmet Jannik auf. Knapp zwei Stunden Elternabend sind geschafft. Thema: „Altersgerecht angstfrei aufklären".

„Wenn die kleine Leonie …", fängt Moni an und startet den Wagen …

„… die erste Freundin unseres fünfjährigen Sohnes, hoho", fällt ihr Jannik gut gelaunt ins Wort.

„Wenn diese Leonie fragt, wie sie in Mamas Bauch hineingekommen ist, dann fällt ihrer Mutter hoffentlich was ein."

„Hä?“

„Statt der Wahrheit, meine ich.“ Moni klingt besorgt.

Jannik versteht nicht. „Das haben wir doch gerade gelernt: ‚Als Papa und Mama sich ganz doll lieb hatten‘ und so. Ohne anatomische Details.“

„Ja ja, aber die Kleine ist doch … wusstest du das nicht?“

„Was?“

„Ein Kuckuckskind. Sagte man früher so. Sieht ihrem Vater ja auch nicht ähnlich.“

„Quatsch!“ Jannik richtet sich im Beifahrersitz auf, wendet sich zu ihr und schaltet das Warmluftgebläse ab. „Das ist Müttertratsch rund um den Kindergarten, wetten?“

„Lehnst du dich bitte wieder zurück, ich kann den rechten Außenspiegel nicht sehen.“

„Kuckuckskind! Woher willst denn du das wissen?!“

„Von ihrer Mutter. Hat sie mir selbst erzählt.“

„Warum sollte sie sowas rumerzählen?!“

„Nicht überall herum. Nur mir.“ Moni ist zügig auf eine gelbe Ampel zugefahren und muss kräftig bremsen, als die plötzlich auf Rot umschaltet.

„Pass doch auf!“ Jannik wird ruckartig nach vorn gedrückt. „Warum ausgerechnet dir?“, fragt er in die Stille hinein.

Moni holt tief Luft, als müsse sie bei Grün den Wagen selber anschieben: „Weil sie beim ersten Elternabend, in der Vorstellungsrunde, dich gesehen hat. Ab da wusste sie, dass du der Chef von Leonies biologischem Vater bist. Du kennst ihren Ex-Lover, verstehst du?“

Jannik ist wie vor den Kopf gestoßen, auch ohne Vollbremsung. Moni fährt an, gibt Gas, wieder eine Spur zu sportlich.

„Wer isses?“

„Sie weiß, wie gut ihr euch in der Belegschaft versteht. Und wie leicht bei Betriebsfeiern in der Firma zufällig mal Nebenbemerkungen oder blöde Sprüche kommen. Und wenn jetzt ihr ahnungsloser Ehemann die Leonie vom Kindergarten abholt und dich dort trifft, dann wollte sie einfach nur sicherstellen …“

„Wer – ist – es, Moni? Ich hab dich was gefragt!“

Janniks warmes Wohlgefühl im Rücken hat eisiger Anspannung im Bauch Platz gemacht.

„Das hat sie mir nicht verraten.“

„Das hast du sie nicht gefragt?“ Janniks ungläubiges Stirnrunzeln wird vom Licht des Bewegungsmelders vor der Garageneinfahrt beleuchtet. Sie sind zu Hause. Moni bleibt angeschnallt sitzen: „Nein. Glaub mir bitte: Nein, das habe ich sie nicht gefragt.“

„Moment mal. Nur, damit ich es recht verstehe: Sie

lässt dich und mich ein Familiengeheimnis wissen, damit wir so tun, als ob wir's nicht wissen?"

„Vermute ich mal, ja."

„Sie will, dass wir im Falle einer Nachfrage lügen?"

Moni macht ein bedauerndes Gesicht und zieht den Zündschlüssel ab.

„Ob es ihr Ehemann weiß, geht uns nichts an. Ob sie es Leonie irgendwann mal erzählt, geht uns nichts an. Wie sich Leonies wirklicher Vater, dein Angestellter, verhält, geht uns auch nichts an. Und?"

„Was, und?"

„Kannst du das Leben dieser vier Menschen verbessern, jetzt, wo du's weißt?"

„Nein", muss Jannik zugeben. Durch die geöffnete Seitentür strömt Winterluft herein. „Aber", er ächzt leise beim Aussteigen, „warum verdammt noch eins weiß ich's dann?"

7 WOCHEN OHNE

Dir zuliebe? 4

Die Liebe ist langmütig und freundlich, die Liebe eifert nicht, die Liebe treibt nicht Mutwillen, sie bläht sich nicht auf, sie verhält sich nicht ungehörig, sie sucht nicht das Ihre, sie lässt sich nicht erbittern, sie rechnet das Böse nicht zu, sie freut sich nicht über die Ungerechtigkeit, sie freut sich aber an der Wahrheit; sie erträgt alles, sie glaubt alles, sie hofft alles, sie duldet alles.

1. Korinther 13,4–7

Dir zuliebe?

Susanne Breit-Keßler

BIBLISCHE MINIATUR ZU
1. KORINTHER 13,4–7

Traumhafte Lyrik, die Worte des Paulus – wahrlich nicht prosaisch. Alltagstauglich oder eher feine Traumgespinste? Beides. Es ist wunderbar, so zu lieben – und es geht nicht immer. Weil wir halt Menschen sind, keine überirdischen Engel. Gelegentlich muss man zum Beispiel streiten – dann, wenn man weiß, was man will, gute Argumente dafür hat und die Position des anderen als gleichberechtigt akzeptiert. So zu streiten, löst Probleme und sorgt für Klarheit.

Dennoch hat Paulus recht: Es gibt etwas, das mindestens so viel Freude macht, wie elegant mit Argumenten zu fechten. Es gibt etwas, das auf jeden Fall besser ist, als zornig zu werden, erbittert zu sein, neidisch, eifersüchtig, frech und wichtigtuerisch: einfach mal nachgeben. Undenkbar? Man muss doch als emanzipierte Frau und als selbstbewusster Mann nachdrücklich vertreten, was man als richtig erkannt hat! Nicht immer. Manchmal kann man etwas dem anderen zuliebe tun.

Nachgeben, ohne auf der eigenen Meinung zu beharren. Es fällt nicht leicht nach Jahren, in denen man endlich gelernt hat, sich zu behaupten. „Ich bin doch nicht verrückt und pass mich jetzt in meinem Alter an", sagen Menschen manchmal nach langer Ehe oder dann, wenn sie noch einmal auf der Suche sind nach einem Partner – aber eben nicht um jeden Preis. Mann und Frau haben ihre Rolle gefunden und möchten sie nicht leichtfertig aufgeben. Selbstbewusstsein zu erringen, kostet allerhand Mühe.

Aber „ich bin doch nicht verrückt"? Warum nicht? Es ist wunderbar, ab und zu von sich selber abzurücken. Einfach mal nachzugeben. Dir zuliebe. Früher zum Flughafen fahren, weil sie es nicht leiden kann, wenn man auf die letzte Sekunde angekeucht kommt. Zum Radfahren feste Schuhe statt Schlappen anziehen, weil er Sorge hat, dass sie sich verletzt. Einen Film anschauen, den man selber nie ausgesucht hätte – einfach, weil der andere ihn sehen will und glücklich ist, wenn man an seiner Seite sitzt. Vielleicht sogar den Honig aus dem Glas in einen Plastikspender umfüllen, weil es ihm so leichter fällt, ihn in den Tee zu geben.

Zeitverschwendung? Soll er doch selber machen, wenn er so ungeschickt ist? Wer so denkt, ist auf dem besten Weg, die Liebe einem nüchternen, pragmatischen Alltag zu opfern, in dem jeder nur darauf schaut, dass es ihm selber gut geht und der andere gefälligst Respekt und Rücksicht zeigen soll. Einfach mal nachgeben: eine großartige Erfahrung.

Sie verschafft einem selber wieder neue Spielräume und befreit von den dauernden, ermüdenden Kämpfen und Krämpfen ums Rechthaben. Es wird einem leicht ums Herz, wenn man aufhört, ohne jede Ausnahme auf Richtigkeiten oder eigenen Vorlieben zu beharren. Dir zuliebe. Abgesehen von der eigenen neuen Leichtigkeit: Manchmal bekommt man ein Lächeln zur Antwort, eines, das so aussieht wie in den ersten Tagen der Liebe. Zum Hinschmelzen … dir zuliebe. Ausprobieren!

Wo könnten Sie in dieser Woche mal nachgeben?

NEIN – UND SPIELRAUM

Arnd Brummer

Vergangenen Sonntag feierten Jutta und Hartmut Silberne Hochzeit. Die beiden wohnen um die Ecke, direkt neben ihrer gemeinsamen Anwaltskanzlei. Dorthin, in den Konferenzraum, haben sie zwei Dutzend Leute eingeladen. Zu einer „schlichten Feier – ohne Festreden und sonstigen Unsinn". Statt für Geschenke, stand in der Einladung, sollten die Gäste ihr Geld lieber der Diakonie-Stiftung Nächstenliebe spenden.

Auf drei zusammengeschobenen Schreibtischen hatte das Paar ein köstliches Büfett und erstklassige Weine platziert.

„Greift zu, genießt und plaudert miteinander", rief Jutta uns zu.

> “ Nix hat gepasst damals. ”

„Und wir beide", fügte Hartmut hinzu, „wandern von Tisch zu Tisch." Als Hartmut kurz nach Mitternacht zu uns kam, hatten sich die meisten anderen Freundinnen und Freunde längst auf den Heimweg gemacht.

„Prost", rief ich und hob mein Sektglas, „auf ein Paar bei dem alles passt! Beruf, Familienleben, Freundeskreis und Sport." Hartmut stieß mit uns an. Seine gerunzelte Stirn und die gesenkten Mundwinkel machten nicht gerade den Eindruck, als würde er meine Gratulation schätzen. Jutta, die sich gerade neben ihn gesetzt hatte, grinste sarkastisch.

Und dann ließ sie uns wissen: „Nix hat gepasst, als wir uns kennenlernten." Und dann begann sie zu erzählen, während ihr Ehemann intensiv die Tischdecke studierte. „Wir haben uns in einem Jura-Seminar an der Uni Tübingen kennengelernt. Ich war ein bisschen spät dran. Und im ganzen Hörsaal gab es nur noch einen freien Platz. Neben diesem Kerl da, der stur in seine Texte guckte, als ich fragte, ob ich mich da hinsetzen könnte. Kurz hob er den Kopf und nickte. Das war's."

„Aber wie es der Zufall wollte, begegneten wir uns ein paar Stunden später in einer Studi-Bar." Bei diesem Satz meinte ich, auf Hartmuts Gesicht ein sachtes Lächeln zu erkennen. Und dies verschwand auch nicht, als Jutta fortfuhr: „Oh Gott, dachte ich, da ist er schon wieder! Zu meiner Überraschung fragte er mich, was ich gerne trinken würde." Sie kamen ins Gespräch, erzählten einander, wo sie zu Hause waren und wo sie in Tübingen wohnten – Jutta in einer WG und Hartmut im Kellerzimmer einer Handwerkerfamilie, „direkt unter der Werkstatt".

Begeistert war Jutta von diesem langweiligen Kerl überhaupt nicht. „Und ich hatte den Eindruck, dass ich auch nicht gerade der von ihm bevorzugte Typ Frau war. Stumm zahlte er unsere Getränke. Und mit einem Kopfnicken vor der Bar gingen wir getrennte Wege. Wenn mich damals jemand gefragt hätte, ob wir in fünf Jahren heiraten und in dreißig Jahren Silberhochzeit feiern würden, hätte ich mich totgelacht."

Hartmut räusperte sich und ergänzte: „Tja, ich fand die Jutta echt spannend. Und deshalb probierte ich immer wieder, sie zu erreichen. Ich bin, wie ihr ja wohl wisst, kein Spielfilm-Lover. Laute Liebeserklärungen und fröhliche Gesänge sind nicht meine Sache. Also versuchte ich, die Frau für gemeinsame Wochenendaktivitäten zu gewinnen. Die meisten Vorschläge blockierte sie sofort. Tennisspiele, Cabrio-Fahren, im Stausee schwimmen? Unmöglich!"

„Genauso war es!", ließ uns Jutta wissen. „Ich sah für eine Gemeinschaft mit diesem Kerl keinen Raum. Wobei ich jedoch zugeben muss, dass mich seine eher unaufdringliche Art mehr und mehr motiviert hat, meine Blockade aufzutauen. Und als er mir dann vorschlug, gemeinsam in zehn Tagen den fast zweihundert Kilometer langen Schäferweg über die Schwäbische Alb zu wandern, habe ich mein Herz für ihn geöffnet. Das Fernwandern als wahre Freizeitform verbindet uns bis heute. Und selbst unsere inzwischen erwachsenen Kinder erinnern sich gerne daran, auch wenn sie das ständige Bergauf-Bergab manchmal extrem anstrengend fanden."

Hartmut erhob sein Glas. „Das Wandern zwischen Blockaden, das Nutzen der Spielräume hat sich auch in unserer gemeinsamen Arbeit bewährt. Wenn ich in einem Fall feststelle: Da geht gar nix mehr! Dann hat Jutta sicherlich die Idee für einen anderen juristischen Ansatz."

Und Jutta: „Umgekehrt gilt das genauso. ‚Geht gar nix' gibt's nicht!"

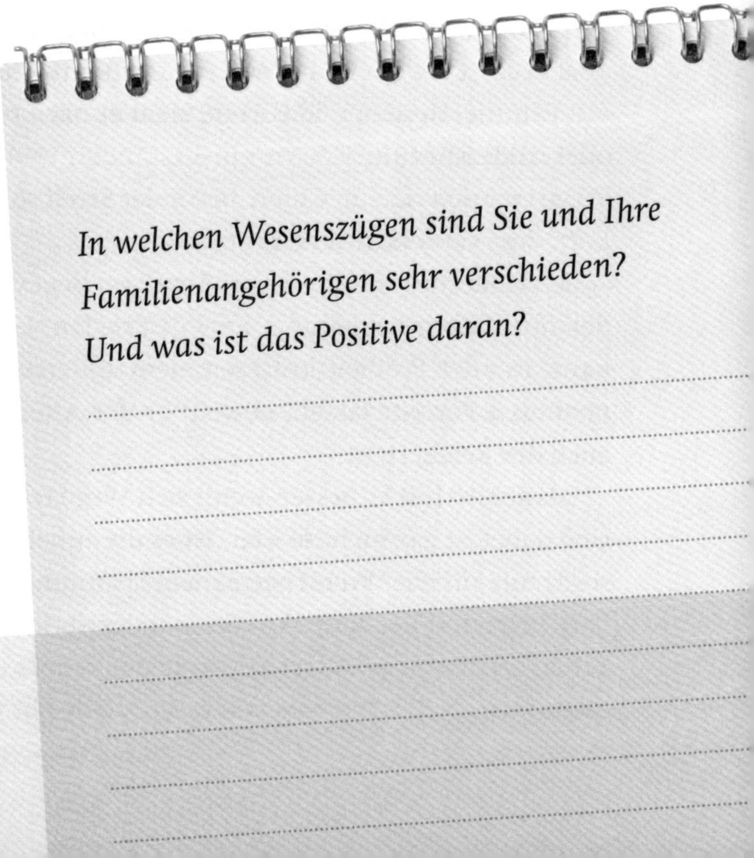

UNS ZULIEBE

Margot Käßmann

Familienstreit – das Thema kennt schon die Bibel! Sie erzählt beispielsweise von Abraham und seinem Neffen Lot. Beide haben Familie und eine beachtliche Viehzucht, Rinder und Schafe. Die große Zahl der Tiere führt zu Auseinandersetzungen zwischen den Hirten, das Weideland reicht nicht für alle. Als sich die Lage zuspitzt, macht Abraham einen Vorschlag: Wir sollten uns trennen, es gibt doch genug Land für alle! Er lässt Lot die Wahl: Will der nach links ziehen mit Familie, Herden und Hirten, zieht er nach rechts oder andersherum. Lot ist einverstanden und ihre Wege trennen sich im Guten, bevor der Streit so eskaliert, dass sie zerstrittene Leute sind.

Ich finde, das ist sehr weise! Abraham liegt viel an der familiären Beziehung. Er will Frieden. Und er kann in aller Freiheit loslassen, dem anderen auch noch den Vortritt lassen, obwohl er der Ältere und auch der Reichere ist.

Manchmal ist es besser, wenn sich Wege trennen. Und dabei ist gar nicht so klar: Ist es dir zuliebe oder sogar mir zuliebe? Wenn permanent Spannung in der Luft liegt und der Respekt voreinander verloren zu gehen droht, gilt es, Alternativen zu denken. Es muss nicht immer alles bleiben, wie es ist. Vielleicht trennen wir uns uns zuliebe. Damit die Tochter ihre Freiheit findet – und die Eltern auch. Weil so beide Ehepartner noch einmal neu anfangen können. Um der Ehrlichkeit in der Freundschaft willen. Das braucht Mut, innere Freiheit und Offenheit für das Wagnis der Veränderung.

Waren Sie in Ihrem Leben schon mal an einem Punkt, an dem sich Wege getrennt haben, weil man sich sonst gegenseitig blockiert hätte?

Dir zuliebe? – konkret

Beate Hofmann

„Hast du schon gehört? Sie ist tatsächlich ausgezogen. Weg! Allein. Und nicht nur um die Ecke, nein, sogar in ein anderes Land! Scheinbar müssen Tausende Kilometer zwischen ihnen liegen." Viele im Freundeskreis haben sorgend den Kopf geschüttelt, Vermittlung angeboten und sich gefragt, wie es so weit kommen konnte. Waren die beiden nicht immer eines dieser Traumpaare gewesen? Doch hinter den Kulissen sah die große Liebe scheinbar ganz anders aus.

Ja, das stimmte tatsächlich. Es war eine große Liebe, eine ungewöhnliche noch dazu. Eine Liebe, die freigab. Denn diese Trennung war eine, die aus Liebe heraus geschah. Ihr zuliebe hatte er zugestimmt. Im Vorfeld gab es viele Gespräche. Es war keine hastige Entscheidung. Und schließlich sah er ein, dass es so nicht weiterging, wenn es weitergehen sollte. Sie brauchten keine funktionierende Beziehung, sie wollten mehr, wollten eine Liebe, die Entwicklung zulässt.

Zwischen einer Beziehung, die sich entwickelt, und einer, die funktioniert, liegen Welten. Zu funktionieren bedeutet, der Alltag läuft ohne Probleme. Alles ist irgendwie eingespielt, beruht auf Absprachen und Zuverlässigkeit. Der Alltag ist geplant und jeder hat so seine Rolle in diesem Konstrukt. Der Vorteil: eine verlässliche Partnerschaft, eine gute Balance der Fähigkeiten, man ist nicht allein und kann den Alltag zumal mit Kindern gut bewältigen. Der Nachteil: Man schluckt manches runter, arrangiert sich, tut Dinge dem anderen zuliebe und verliert sich manchmal dabei selbst. Das, was zu Beginn einer Liebesbeziehung so prickelnd ist, das Unerwartete, das Spielerische und die Leichtigkeit, sie schleichen sich langsam aus dem Alltag hinaus. Es gibt sie vielleicht noch an besonderen Tagen oder im Urlaub, doch das Leuchtfeuer ist vorbei.

Und genau das wollte seine Frau eben nicht erleben. So jedenfalls beschreibt er diese Situation, in der sie ihn bat, sie ziehen zu lassen. Sicher war er davon nicht gleich begeistert. Es war schön, sie an seiner Seite zu haben, das Leben unmittelbar zu teilen. Doch er konnte ihre Sehnsucht verstehen. Sie wollte einfach wieder sie selbst sein dürfen, erleben, dass Menschen um ihrer selbst willen die Freundschaft suchen und nicht weil sie die Frau eines bekannten Schriftstellers ist. Über die Jahre hin hatte sich der Fokus immer mehr auf ihn verlagert: seine Themen, seine Bücher, seine Reisen, seine Person. Sie waren häufig gemeinsam unterwegs, doch es

> “Die Trennung ware eine, die aus Liebe geschah.”

ging nicht um sie. Sie fühlte sich nur noch zugehörig. Doch so funktioniert Liebe auf Dauer nicht.

Die Liebe, die alles kann, sie beruht darauf, dass im Kern ganz viel Selbstannahme, Selbstliebe, Selbstmitgefühl und Selbstvertrauen da ist. Doch wer sich selbst kaum noch spürt, wie soll er sich lieben?

Also zog sie aus, die Liebe zu stärken. Das Gerede der anderen war ihnen egal. Sie fand eine Wohnung, einen neuen Freundeskreis, und gemeinsam fanden sie eine neue Liebe zueinander. Eine tiefere Beziehung von zwei Menschen, die sich selbst bejahen, einander lieben und dadurch auf für andere liebend da sein konnten. Drei Jahre lebten die beiden getrennt, dann zogen sie wieder zusammen, doch jetzt gereift und gewandelt.

Ich kenne niemanden, der das so glaubwürdig, der Liebe wegen durchlebt hat. Und heute nach bald einem halben Jahrhundert gelebter Liebe hält er ihre Hand, wenn sie in ihrer Demenz immer wieder Raum und Zeit verlässt. Er geht mit und bleibt doch bei sich. Er weiß sie geborgen in Gottes umfassender Liebe und weil sie sich selbst annehmen kann in ihrer Schwäche. Von solchen besonderen Beziehungen geht eine Strahlkraft aus: Liebe ist langmütig und freundlich. Sie glaubt, hofft und transformiert. Ist das nicht göttlich?

Coaching-to-go-Tipps für Liebe, die nicht blockiert

- **Wertschätzend zuhören:** Die meisten Stolperfallen in Beziehungen entstehen durch Missverständnisse. Wir hören nicht richtig hin, interpretieren das Gehörte mit unseren eigenen Denkmustern und Erfahrungen und überhören dabei das Wesentliche. Nicht erst in der Therapie oder in der Aufarbeitung eines Streites, sondern weit im Vorfeld lohnt es sich, besser hinzuhören. Ein Tipp, wie das spielerisch umzusetzen ist: Vereinbaren Sie eine ungestörte Zeit mit Ihrem Partner, dem Freund oder der Person, um deren Beziehung zu Ihnen es geht. Stimmen Sie sich darauf ein, indem Sie es als ein „Erzählspiel" begreifen. Eine Person fragt, die andere Person antwortet und bekommt die volle Aufmerksamkeit. Wichtig beim wertschätzenden Zuhören ist es, dass der Fragende weder unterbricht noch kommentiert oder nachfragt. Der Erzähler hat den Freiraum seine Gedanken und Erfahrungen auszubreiten. Nach einer festgelegten Zeit (15 Minuten) wird gewechselt. So hat jeder der beiden Partner das Geschenk der vollen Aufmerksamkeit. Werten Sie im Anschluss aus, wie diese halbe Stunde für Sie war und ob Sie das Ganze gerne wiederholen, für sich erweitern und nutzen wollen.

> “Wir hören oft nicht richtig hin.”

Fragen:

1. Erzähle mir von einer „Sternstunde“, einer Erfahrung in deinem Leben/in dieser Woche, die dich glücklich, stolz, lebendig gemacht hat! Was hat dich dabei besonders gefreut? Was war dein Anteil daran? Welche Hürden musstest du dafür überwinden?
2. Erzähle mir davon, was dich am meisten unterstützt und weitergebracht hat! Welche Menschen oder Faktoren sind Rückenwind für dich? Was davon war besonders wertvoll für dich?

- **Aus Liebe Freiheit verschenken**: Wie wäre es, wenn Sie Ihrem Lieblingsmenschen einen Tag Auszeit und Zeit zur Selbstentwicklung schenken, indem Sie Termine übernehmen und dem anderen Freiraum ermöglichen. Ob es ein Blankbook zum Reflektieren, ein Gutschein für einen Wellnesstag, oder ein Samstag ist, an dem Sie dem anderen gezielt die Möglichkeit geben, sich einmal nur liebevoll um sich selbst zu kümmern, ist unerheblich. Wesentlich ist die Geste und die praktische Umsetzung. (Und ich gehe davon aus, dass Sie natürlich längst die kleinen Oasen in Ihrem Alltag geschaffen haben, an dem Sie sich selbst Gutes tun. Denn wir müssen uns Gutes tun, wollen wir der Welt unser Bestes geben!)

UNS ZULIEBE – ICH HÖRE MIT DIR AUF DAS HEILIGE, ZU DEM DU GERUFEN BIST

Christine Lungershausen

Liebe heißt: Ich höre zu dir hin.

Ich höre hin zu dir: wenn ich an einem anderen Ort bin und doch nah bei dir.

Ich höre hin zu dir: wenn du erzählst und darin erklingt, wer du bist.

Jedes Ohr ist einzigartig. Einmaliger noch als der Fingerabdruck: ein Ohrabdruck. So lerne ich dich kennen: als jemand, der Menschen sein Ohr leiht, dessen Mund sich erst bewegt, wenn die Worte gereist sind vom Ohr zum Mund, vorbei an Sinnen des Gleichgewichts, an Herz und Verstand.

Ich schließe die Augen und öffne meinen Tastsinn.

Ich höre zu dir hin.

Was hörst du? Was klingt in den Stimmen, auf die du horchst? Geheime Stimmen? Wo entlang lotsen sie dich?

Im Innern des Ohres liegt der Sinn fürs Gleichgewicht; das, was uns anleitet, den eigenen Weg zu finden. In den Geheimgängen des Ohres.

Du horchst in dich hinein und – wenn es gut läuft – lässt sich ein anderer in dir hören. Einer, eine, die dich leitet, möglichst vorbei an den Abgründen, notfalls hindurch. Horchend findest du dein Gleichgewicht.

Ich verspreche, mit dir zu horchen. Vertiefen will ich mich in dich.

Das verspreche ich auch: mich zu vertiefen. Mich nicht zu überhören. Ich vertiefe mich in dich.

Eines Tages wirst du erwachen. Und es spüren: wo aus deinen Verletzungen eine innere Stärke wird, weil du weißt, wofür du deine Kräfte einsetzen wirst. Dann ist es gut, diesem Ruf zu folgen.

Auf dieses Heilige höre ich mit dir.

Das tue ich dir zuliebe.
Dir zuliebe lasse ich dich; lasse dich hören, kämpfen, wiederkommen.

Ich lasse uns die Weite des Horizontes: Wohin sind wir gerufen?

Wo wird aus deinen Wunden der Wunsch, dich einzusetzen? Wo bist du hingerufen mit deinen Wunden und Begabungen?

Ich lausche mit dir auf das Heilige, zu dem du gerufen bist.

So flüstere ich in dein Ohr.

Zu Gott?

Ich bitte darin: Liebe mich frei.

Liebe mich frei aus den Ansprüchen, die mich einschnüren.

Liebe mich frei aus den Bildern, in die ich mich selbst verstrickt habe. Bilder von mir und dir, genaue Vorstellungen davon, wie wir zusammen zu sein haben. Liebe mich frei daraus.

Liebe du mich frei. Und ich, ich höre mit dir auf das Heilige, zu dem du gerufen bist.

Ich vertiefe mich in dich. Uns zuliebe.

So höre ich mit dir auf das Heilige, zu dem wir zusammengerufen sind.

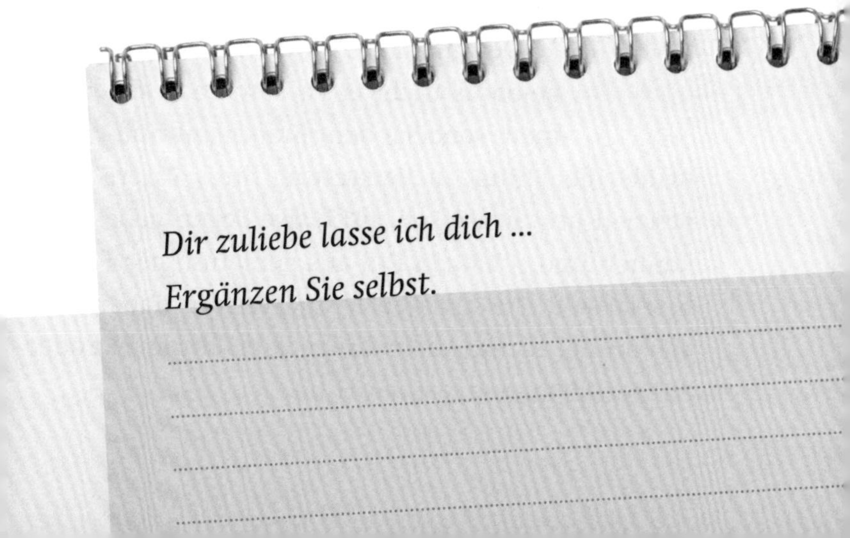

VIEL SPIELRAUM IN DER TRADITION

Andreas Malessa

„Das ist doch keine Hochzeit!“, flüstert meine Frau, „das ist ein Junggesellenabschied mit zufällig anwesender Braut.“

„Na ja, soo anwesend auch wieder nicht“, brumme ich zurück. Die umwerfend schöne Aufgebrezelte sitzt nämlich im Nebenraum. Hochsteckfrisur, goldene Ohrringe, pinkweißes Reifrock-Brautkleid mit kurzen Ärmeln, Riesenschleife im Rücken. Sie appt mit ihren Eltern in Damaskus. Im großen Saal tanzt der Bräutigam mit einer Horde ausgelassener Männer die „Dabke“: Arm in Arm im Kreis, mit mal stampfenden, mal grazilen Fuß- und Beinschwüngen, wechselnden Vortänzern in der Mitte und dröhnenden Trommlern dahinter.

“ Aber wo bleibt die Romantik? ”

Der Imam hat vorhin das feierliche Ehegelöbnis nicht etwa dem Paar abgenommen, sondern dem Bräutigam und einem Bruder der Braut, in Vertretung ihres Vaters. Sehr offiziell und liturgisch, inklusive Segensgebet. Wir kennen und schätzen ihn aus gemeinsamer Flüchtlingsarbeit. Die meisten Festgäste hier haben ihre Wohnung, ihren Ausbildungsplatz, ihren Job oder Führerschein dank seiner Hilfe.

„Die Braut tut das ihren und seinen Eltern zuliebe“, sagt Imam Mahmut. Er hat unser Befremden über so viel Zurücksetzung der Frau deutlich gespürt.

„Emanzipiert, wie ihr das nennt, ist Suka schon lange. Und westlich heiraten die beiden später. Ohne Live-Übertragung nach Hause.“ Er grinst und hält mir ein Stück duftenden Pistazienkuchen unter die Nase.

„Aber“, mit vollem Mund klingen meine Worte sicher nicht kitschig, „aber wo bleibt die Romantik? Das tränenumflorte ‚Ja‘ aus ihrem Mund, der Kuss vorm Altar, der Brauttanz, die … die Liebe?“

Mahmut ist studierter Pharmazeut mit eigener Apotheke am Neckarufer, lebt seit Jahrzehnten hier. Spitzname „Nilschwabe“. Er zieht eine Banknote aus seiner seiden glänzenden weißen Dschallabija: „Schau mal, das sind hundert syrische Lira. Wir sagen dazu Assads Altpapier. Kaum fünfzig Cent wert. Und warum? Weil es nicht, wie sagt man, weil unser Geld …“

„… nicht gedeckt ist“, ergänzt meine Frau, „von keiner Wirtschaftsleistung, keinem Gegenwert gedeckt ist.“

„Das meine ich, ja. Wenn wir von romantischer Liebe sprechen – wer garantiert ihre Gültigkeit, ihre, sozusagen, Kaufkraft?“

„Wir beide“, sagen wir fast gleichzeitig, „das Paar!“

„Nein, was wir füreinander sind, schenkt Gott allein …“, schüttelt Mahmut den Kopf, will weiterreden, wird aber übertönt: Der Männertanz wird wilder, das Tirilieren und rhythmische Klatschen schneller und lauter. Der Smartphone-Filmer, der alles live nach Syrien streamt, bricht in ungehemmtes Weinen aus. Der Bräutigam läuft rüber in den Frauenraum. Drüben kreischt jemand. Ich habe Sorge, dass irgendwas aus dem Ruder läuft.

„Sie wollen ihren Eltern zeigen, wie viel Heimat und Tradition auch hier möglich sind. Dass es ihnen gut geht“, beschwichtigt uns Mahmut, „und dass Mama und Papa nicht traurig sein sollen, wenn sie die Enkelkinder niemals küssen werden, die bald geboren …“

Jetzt sind wir es, die um Festigkeit in der Stimme kämpfen.

Endlich. Die Braut mit großem Damengefolge – eine glitzernder als die andere – schreitet herein, nimmt neben dem Bräutigam Platz und eröffnet mit gnädigem Kopfnicken zu den Kellnern das Festmahl.

„Und was tut er dir zuliebe?“, fragt meine Frau sie später.

Suka lächelt und streicht ihrem schwitzenden, verheulten Mann übers Haar.

„Eine normale, moderne Ehe führen? Zu Hause tun, was ich möchte? Mich lieben und ehren und mich versorgen …“, jetzt müssen beide lachen, „… und unseren Eltern verschweigen, dass ich mehr Geld verdiene als er!“

7 WOCHEN OHNE

Geht doch! / 5

So zog Abram herauf aus Ägypten mit seiner Frau und mit allem, was er hatte, und Lot mit ihm ins Südland. Abram aber war sehr reich an Vieh, Silber und Gold. Lot aber hatte auch Schafe und Rinder und Zelte. Und das Land konnte es nicht ertragen, dass sie beieinander wohnten. Und es war immer Zank zwischen den Hirten von Abrams Vieh und den Hirten von Lots Vieh. Da sprach Abram zu Lot: Es soll kein Zank sein zwischen mir und dir und zwischen meinen und deinen Hirten; denn wir sind Brüder. Steht dir nicht alles Land offen? Trenne dich doch von mir! Willst du zur Linken, so will ich zur Rechten, oder willst du zur Rechten, so will ich zur Linken. Da hob Lot seine Augen auf und sah die ganze Gegend am Jordan, dass sie wasserreich war. Da erwählte sich Lot die ganze Gegend am Jordan und zog nach Osten. Also trennte sich ein Bruder von dem andern.

1. Mose 13,1–11 (Auswahl)

Geht doch!

Susanne Breit-Keßler

BIBLISCHE MINIATUR ZU
1. MOSE 13,1–11 (AUSWAHL)

Unzählige Therapien hat das Ehepaar gemacht. Gemeinsam, jeder für sich. Sie haben gebetet, allein und miteinander. Um weiterzukommen in ihrem Konflikt, der zuerst nicht spürbar war, dann aber immer deutlicher wurde. Irgendwann reicht die Kraft nicht mehr. Das, was als die große Liebe begann, ist zu Ende. Kein Spielraum mehr, um zu den Wurzeln zurückzukehren oder sich neu zu begegnen. Eine zutiefst bittere Erkenntnis.

Sie werden sich trennen müssen. Einen anderen Weg gibt es nicht mehr. Nur eins ist sicher: Ein Rosenkrieg wie bei anderen Paaren wird es nicht werden. Zu intensiv war die Zuneigung, zu hoch ist der Respekt, den die beiden einander entgegenbringen – auch jetzt. Man könnte sich eine Mediatorin dazuholen, die die Schritte der beiden aufmerksam begleitet. Aber sie werden es auch so schaffen. Rücksichtsvoll und sorgsam wie Abraham und Lot.

Abschied und Trennungen begleiten das Leben vom Anfang bis zum Ende. Wenn wir geboren werden, müssen wir uns aus der ganz engen Gemeinschaft mit der Mutter herauslösen lassen. Wenn wir unser Leben beenden, nehmen wir endgültig Abschied von allem, was uns gefallen hat und was wir lieb gehabt haben. Und dazwischen bleiben uns solche Erfahrungen auch nicht erspart – den Kleinen genauso wenig wie den Großen.

Abschiede, Trennungen tun stets weh, haben immer etwas mit traurigen Gefühlen zu tun. Ganz gleich, ob man von anderen Menschen, von Hoffnungen, Plänen und Wünschen oder von einer vertrauten Umgebung Abschied nehmen muss. Zu allem Weh und allem Schmerz gehört die Einsicht: Neues kann entstehen, wenn wir uns von Altem trennen, das Wagnis auf uns nehmen, für uns bislang ungekannte Spielräume zu erobern.

Hermann Hesse schreibt: „Kaum sind wir heimisch einem Lebenskreise / Und traulich eingewohnt, so droht Erschlaffen. / Nur wer bereit zum Aufbruch ist und Reise, / Mag lähmender Gewöhnung sich entraffen." (Stufen) Natürlich ist das kein Automatismus. Abraham und Lot hätten vielleicht wie manches Ehepaar schon vorher intensiver an ihrer Beziehung arbeiten können. Es gibt oft genug Anzeichen für das drohende „Erschlaffen“.

Aber wir sind Menschen. Wir können scheitern in dem, was wir uns mit bestem Wissen und Gewissen vornehmen. Und wir dürfen bei den selbst gemachten Trennungen, denen, die wir zu verantworten haben, und den unverschuldeten, ganz sicher wissen, dass Gott uns Neuanfänge schenkt. Er entreißt uns jeder Lähmung und tödlichen Gewöhnung. Seine Kraft ist es, die uns auf eine Lebensreise schickt, bei der sich neue, aufregende Horizonte auftun.

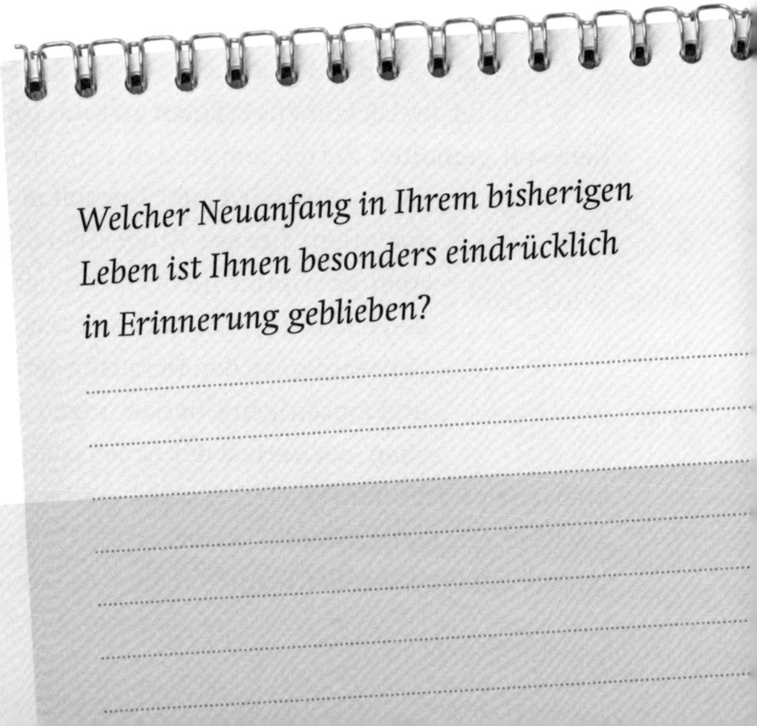

BESSER OHNE HAPPY END

Christiane Birgden

Eigentlich wünschen wir uns immer ein Happy End. Erst recht in der Bibel. Denn die zeigt uns doch, wie es gehen kann, das gelingende Miteinander. Die Geschichte von Abraham und Lot spricht dagegen. Nicht einmal ein Halbe-Halbe. Abraham lässt Lot den Vortritt. Er wählt das gute Teil aus, die saftig grünen Wiesen zum Jordan. Abraham bekommt den Rest. So ist es, so ist das Leben. Nicht immer ist es gerecht, nicht immer gehen die Dinge fair aus. Das wissen alle, die eine Trennung erlebt haben (auch die, die vorhatten, die Trennung noch harmonischer zu gestalten als ihre zerbrochene Ehe.)

Während des Lockdowns las man an Kitas und auf liebevoll gemalten Zettelchen in den Fenstern den Satz: „Alles wird gut." Der soll uns und vor allem unsere Kinder beruhigen. Aber er stimmt nicht: Menschen werden elendig an Covid-19 sterben, Familien werden an den Herausforderungen und einseitigen Überlastungen zerbrechen, der Verlust der Arbeitsstelle wird Menschen krank machen. Alles wird gut? Ich hatte als Kind ein feines Gespür für derartige Halbwahrheiten. Ich fand sie eher beunruhigend als tröstend.

> „Alles wird gut? Stimmt nicht."

Die Bibel ist da ehrlicher: Nach vierzig Jahren Wüstenwanderung darf Mose das gelobte Land nicht betreten, er stirbt auf dem Berg Nebo. Abraham ist tatsächlich bereit, seinen Sohn zu töten. Dass Sarah im darauffolgenden Kapitel stirbt, ist kein Zufall. Jüdische Kommentatoren sagen: Sie starb aus Gram, nachdem sie erfährt, wozu Abraham bereit war. Es gibt die schrecklichsten Gewaltgeschichten und Ungerechtigkeiten in der Bibel. Selten gibt es ein Happy End. Selbst das relative Happy End der Josefsgeschichte hat viel irreparables Leid auf dem Weg.

Offensichtlich ist das Happy End auch nicht das Ziel, sondern vielmehr die Frage, wie wir in dieser Welt mit all ihren Ungerechtigkeiten leben können. Und da ist der Weg, den Abraham geht, vielleicht vorbildlich. „Hör mal, Lot, es geht nicht mit uns zweien“, oder wie es so schön heißt: „Das Land konnte sie nicht beide tragen.“

Unser Harmoniebedürfnis kann manchmal ganz schön zerstörerisch sein. In der Familie wie in der Gemeinde. Es muss ein gutes Ende haben, „muss, muss, muss“ tönt uns Brecht noch in den Ohren. Und so halten wir Beziehungen so lange aufrecht, bis alle unglücklich sind und das ganze System vergiftet. Oder krank. Dann lieber wie bei Abraham und Lot. Wenn's auch nie eine glatte Lösung gibt. Sie atmet dennoch Freiheit.

BIBLISCHE ANLEITUNG FÜR EINE GLÜCKLICHE TRENNUNG

Frank Muchlinsky

Wer vor einer Trennung steht, wird sich vermutlich nicht als Erstes die Bibel als Ratgeber zur Hand nehmen. Vor allem bei Scheidungen denkt man sofort an das rigorose Wort Jesu: „Was nun Gott zusammengefügt hat, das soll der Mensch nicht scheiden." Man sollte die Bibel jedoch nicht unterschätzen.

Abram und Lot sind seit Jahren zusammen unterwegs. Sie haben Großfamilien und sehr große Herden, die sie durch den Süden von Kanaan treiben, immer auf der Suche nach besonders gutem Weideland. Dabei kommt es zum Streit und schließlich zu einer mustergültigen Trennung.

Erster Schritt: Erkenne die Lage und gestehe sie dir ein!

Wörtlich heißt es: „Das Land konnte nicht ertragen, dass die beieinander wohnten", weil beide so viel Besitz hatten und es immer wieder zu Streit unter ihren Hirten kam. Die Formulierung macht mehrerlei deutlich: Sie bedeutet, dass nicht allein Lot und Abram unter der Situation leiden. Viele sind belastet und sogar das Land selbst leidet. Es kann nicht genügend Nahrung für so viele Herden produzieren. Über kurz oder lang wird es vertrocknen und öde werden. Darum ist die Situation unerträglich. Anscheinend hat Abram das erkannt.

Zweiter Schritt: Sprich die Lage an!

Es ist nicht selbstverständlich zu handeln, nur weil man weiß, dass eine Situation unerträglich ist. Schließlich ist ein Gespräch, das mit „wir müssen reden“ beginnt, unangenehm. Es braucht Mut, sich nicht nur allein der Erkenntnis zu stellen, sondern auch das Gegenüber damit zu konfrontieren. Abram bringt den Mut auf. Er spricht den Konflikt an und äußert gleich seinen Wunsch, dass der Streit aufhören soll. Damit macht er deutlich, was das Ziel dieses Gespräches ist: Niemand soll Recht bekommen, sondern der Konflikt soll gelöst werden.

Dritter Schritt: Formuliere einen Wunsch!

Abram wird nun sehr deutlich und bittet Lot: „Trenn dich doch von mir!“ Das ist Abrams Vorschlag, die Situation zu lösen. Es formuliert eine Aufforderung und überlässt es Lot, ob er darauf eingeht oder nicht. Nun weiß Lot, woran er ist.

Vierter Schritt: Sei großzügig!

Abram macht Lot ein großzügiges Angebot: Er überlässt Lot die Wahl der fruchtbarsten Landschaft. Er selbst wird sich dann mit dem begnügen, was übrig bleibt. Auf diese Weise macht er noch einmal deutlich, dass es ihm einzig darum geht, die unerträgliche Situation zu beenden.

Fünfter Schritt: Trennt euch!

Lot sucht sich die Gegend aus, die ihm besonders gut erscheint, und die beiden gehen getrennte Wege. Es ist nicht überliefert, wie sie sich voneinander verabschiedeten. Vielleicht kam es zu Tränen, bestimmt kam es zu Umarmungen, denn ihre Trennung verlief beispielhaft gut. Das Land wird sich erholen können und die beiden auch.

Gibt es derzeit eine Situation, die für Sie unerträglich ist? Wie könnten Sie sie lösen?

Geht doch! – konkret

Beate Hofmann

„Getting to Yes" heißt die Originalausgabe eines Buches, was sich knapp vierzig Jahre nach seiner Entstehung noch wie warme Semmeln verkauft. In mehr als dreißig Sprachen übersetzt und mit Auflagen in Millionenhöhe ist es eines der meistgekauften Bücher zum Thema konstruktive Konfliktlösung. Für Mediatoren, die sich zum Moderator in Konflikten oder schwierigen Verhandlungen ausbilden lassen wollen, gehört das „Harvardkonzept", wie es in der deutschen Ausgabe heißt, zur Standardliteratur und zum besten Handwerkszeug.

> „In Beziehung bleiben, auch im Konflikt."

Einer der Autoren, William Ury, suchte in den siebziger Jahren als Student nach einem wissenschaftlich interessanten Thema, was bedeutsam und von öffentlichem Interesse ist. Dabei wurde er auf eine Friedenskonferenz zur Konfliktbearbeitung im Nahen Osten aufmerksam. Er vertiefte sich in die Thematik, entwickelte erste Ideen zu einem diplomatischen Umgang mit politischen Konflikten und suchte dann nach Unterstützung. Er stieß auf Roger Fisher, einen Rechtswissenschaftler und Professor der Harvard Law

School. Gemeinsam mit einem dritten Autor erforschten und entwarfen sie Handlungsmöglichkeiten für Vermittler im Diplomatischen Dienst.

Im Kern waren die drei Wissenschaftler davon überzeugt, dass Konflikte stets dazu führen, dass alle verlieren, sofern die Beteiligten es nicht schaffen, gemeinsam an einer Lösung zu arbeiten. Daher ist es wesentlich, klar in der Sache und sehr wertschätzend im Umgang mit den Personen zu sein. Fühlt sich erstmal jemand abgelehnt, ist eine Lösung äußerst schwer zu finden.

Ihr simpel erscheinendes Konzept beruht daher darauf, zwischen Person und Sache zu unterscheiden, sich auf hauptsächliche Interessen zu konzentrieren und nicht auf Positionen zu beharren, den objektiven Außenblick zu beachten und letztlich kreative Möglichkeiten zur Lösung gemeinsam zu entwickeln. Auf diese Weise gibt es keinen Machtkampf und folglich auch keine Gewinner oder Verlierer, sondern beide Parteien trennen sich im Frieden. Win-win sagen Mediatoren zu einer geglückten Lösung, die allen Beteiligten entgegenkommt.

Ich glaube nicht, dass Abraham und Lot Fachliteratur studierten, bevor sie ihren Konflikt um Land und Weidegründe derart weise lösen konnten. Für Abraham scheint im Herzen klar zu sein, dass es notwendend ist, in Beziehung zu bleiben.

Und so sucht er im Gespräch mit Lot das Verbindende statt das Trennende. „Steht dir nicht alles Land offen?“, fragt er und ermöglicht es dem anderen damit, frei und kreativ zu denken, statt sich auf irgendwelche Positionen zu versteifen. Und Lot nimmt das Angebot an, schaut sich um, entscheidet, was für ihn dran ist. Abraham gibt ihm respektvoll Freiraum. Lot findet zur Sache zurück, findet objektive Kriterien für seine Wahl und erkennt, dass genug Raum für alle da ist.

Sie trennen sich im Frieden. Was für eine reife Leistung!

Coaching-to-go-Tipps für gelingendes Konfliktmanagement:

- **Das Harvard-Modell in vier Schritten für den Hausgebrauch**
  Dieses Modell ist universell. Ob wir es im Konflikt mit den pubertierenden Kindern, den andersdenkenden Kollegen oder in der nächsten Kirchgemeinde- oder Vereinssitzung nutzen, spielt keine Rolle. Probieren Sie es aus, ohne groß über die Hintergründe zu sprechen. Auf die praktische Umsetzung kommt es an! Vielleicht können Sie im Anschluss sagen: Geht doch!

1. Das Problem in den Fokus nehmen,
   nicht die Menschen

Um Sache und Problem zu trennen, ist es wichtig, achtsam miteinander zu reden. Am besten, indem wir Ich-Botschaften verwenden, die eigenen Empfindungen benennen und Schuldzuweisungen vermeiden. Also eigene Vorstellungen in Worte fassen, Emotionen flach halten und auf eine Formulierung achten, die nicht verletzt.

2. Interessen benennen, statt auf Positionen zu verharren

   Benennen Sie, warum und wofür Sie etwas umgestalten, ändern, ablehnen. Es geht nicht darum, wer Recht hat und ob das schon immer so war. Ihre Grundinteressen, das Bedürfnis nach Sicherheit oder Anerkennung oder Selbstbestimmung etc. sollen deutlich werden.

3. Entwicklung von Lösungsmöglichkeiten

   Um gut entscheiden zu können, braucht es viele Möglichkeiten, die eine Wahl bieten. Beide Partner gemeinsam tragen zu dieser Vielfalt bei oder unterstützen sich dabei und geben sich Raum.

4. Objektive Kriterien entwickeln

   Woran kann jemand Außenstehendes erkennen, dass diese Lösung gut ist? Ist die Entscheidung nachvollziehbar?

Geht doch! Konflikte laufend klären

Haben Sie schon einmal ein Konfliktgespräch geführt, während sie draußen in einem Park, an einem Fluss oder im Wald gelaufen sind? Aus meiner Erfahrung kann ich sagen, dass es damit viel leichter ist, weniger emotional und viel ruhiger miteinander zu sprechen. Einerseits liegt es daran, dass Grün eine Farbe ist, die uns unbewusst guttut und ausgleicht. Zum anderen atmen wir an der frischen Luft tiefer durch, sind Tränen weniger störend und kommen die Gedanken durch die Bewegung leichter in Fluss. All das wirkt sehr förderlich auf eine Klärung und Lösung hin. Geht doch!

Fallen Ihnen berufliche oder private Konflikte ein, die gut geklärt werden konnten? Woran lag das?

DAS GEHT! UND WIE ...

Fabian Vogt

Bei einem Festessen erklärte ein selbstgefälliger Kammerherr dem vor ihm sitzenden Christoph Kolumbus, es sei gar keine Heldentat gewesen, die „Neue Welt" zu entdecken. Das hätte jeder gekonnt.

Kolumbus soll gelächelt und alle Anwesenden spielerisch aufgefordert haben, ein gekochtes Ei auf die Spitze zu stellen ... so, dass es nicht umfällt. Reihum wurde verbissen probiert, dann erklärte die Gesellschaft einmütig: „Das geht nicht!"

Der Entdecker aber nahm sein Ei, schlug es auf den Tisch, so dass es eingedellt war – und konnte es dadurch problemlos platzieren. „Geht doch!"

Natürlich gab es sofort wilden Protest: „Na ja, also so hätten wir das auch geschafft." Woraufhin Kolumbus charmant erwiderte: „Der Unterschied, meine Herren, ist der, dass Sie es hätten tun können, ich hingegen habe es getan." Wunderbar, oder?

Die Welt ist voller solcher ermutigender „Geht doch!"-Geschichten. Zum Beispiel die vom „Gordischen Knoten": Angeblich sollte derjenige, der diesen Knoten am Streitwagen des phrygischen Königs Gordios lösen kann, die Herrschaft über Asien erlangen. Hunderte Helden hatten sich schon bei dem Versuch, die Seile zu trennen, die Fingernägel ruiniert und erbost festgestellt: „Geht nicht!" Dann kam Alexander der Große, nahm sein Schwert und schlug das Ding einfach durch: „Geht doch!"

Vom „Stall des Augias" dagegen wird berichtet, er sei so verschmutzt gewesen, dass niemand ihn je reinigen könne: „Geht nicht!" Herkules aber leitete kurzerhand zwei Flüsse durch das Gebäude, und weg war der Mist: „Geht doch!"

Tja, und nachdem die Griechen zehn Jahre lang versucht hatten, die Stadt Troja zu erobern, waren sich auch alle einig: „Geht nicht!" Nur Odysseus wusste das nicht und baute das „Trojanische Pferd", ein hohles Kunstwerk, das die Trojaner fatalerweise mitsamt den darin verborgenen Kämpfern in die Stadt zogen und so das Ende des Krieges herbeiführten: „Geht doch!"

> Er schlug das Ding einfach durch: „Geht doch!"

Alle „Geht doch!"-Geschichten handeln davon, dass Menschen schier unlösbare Probleme bewältigen, indem sie nicht die üblichen, sondern überraschende und neue Zugänge ausprobieren. Einfach mal ganz anders an die Sache rangehen. Überraschend … modern heißt das „divergentes Denken" oder ganz schlicht „Kreativität". Erschaffe neue Perspektiven! Das kann übrigens jede und jeder. Geht nicht? Unsinn! Geht doch!

ABSTANDSREGELN INS LOT BRINGEN

Andreas Malessa

Den Vortritt gelassen hatte Herrmann seiner Hedwig immer schon. Alte Schule, Benimmregeln Knigge. In den Mantel helfen, Autotür aufhalten, so Sachen halt.

„Willst du zur Linken, geh ich zur Rechten“, wie der biblische Abram es seinem Neffen Lot angeboten hatte – das wollten sie politisch nicht und konnten es räumlich nicht: Corona-Lockdown auf siebzig Quadratmetern. Kein Spielraum, nirgends. Immer zu Hause, allein zu zweit, jeden Tag. Herrmann hatte befürchtet, das würde nicht lange gut gehen. Also lange schon, aber nicht gut.

Gewiss, es gab die viel gepriesene Entschleunigung, den süßen Müßiggang beinahe völliger Termin- und Pflichtenlosigkeit. Lustige Rommé- und Canasta-Turniere am Abend, auch mal Brettspielklassiker und Kniffel. Aber Hedwig guckte jetzt ganztägig Fernsehen und hing am Handy, als hinge ihre Gesundheit davon ab. Es ihr wegnehmen und die Glotze einfach ausschalten? Lebenserhaltende Apparate? Von der Patientenverfügung her wäre das rechtlich möglich gewesen. Herrmann tat es trotzdem nicht.

Hedwig las viel. Auch im tagesaktuellen Gesicht ihres Gatten. Der alte Mann und das Mehr. Mehr Haushaltstätigkeiten, die zwar gendergerecht arbeitsteilig, aber nie unbeobachtet erledigt wurden. Erst recht nicht unkommentiert.

Sie: „Warum kannst du die Spülmaschine nur krachend ausräumen?“

Er: „Wie oft stehst du ohne Mundschutz vorm Supermarkt und ohne Schlüssel vor der Haustür?“

Sie: „Wann merkst du, dass Klopapier kein nachwachsender Rohstoff ist?“

Beide: „Wer hat die Dachfenster offen gelassen, als der Starkregen losbrach?“

> “ Immer zu Hause, allein zu zweit, jeden Tag. ”

Sie waren irgendwie empfindsamer und dünnhäutiger geworden. Der sprichwörtliche Geduldsfaden und die berühmte Hutschnur kürzer. Die Enkelkinder – oft und gern zu den Großeltern geflohen – liebten sie für ihre souveräne Altersgelassenheit, ihre ruhige Toleranz, die gütige Nachsichtigkeit. Und ahnten ja nicht, wie schnell sich das in giftige Nörgelei verwandelte, sobald die beiden miteinander allein waren.

Lang war die Liste, was sie „jetzt endlich mal“ tun konnten: Dachboden entrümpeln, Urlaubsdias digitalisieren, Elektroschrott wegbringen. Und gesünder kochen! Herrmann goss Öl in die Pfanne und rührte die Sahnesauce auf dem Herd an.

„Hast du die Waschmaschine ausgeräumt?“, tönte es aus dem Wohnzimmer.

„Yep! Und den Trockner befüllt."

Da passierte es: Im Wäschekeller klopfte der rotierende Tümmler donnernd gegen die Waschmaschine, Herrmann rannte runter ins Halbdunkel des Kellers, stürzte in ein Fahrrad, das noch nie dort gestanden hatte („Fahrräder putzen" stand auch auf der Liste), während oben auf dem Herd das heiße Öl rauchte und die Sahnesauce blitzschnell überkochte. Hinterhältig, wie erhitzte Milchprodukte so sind. Hedwig war aufgesprungen, Ladekabel und Smartphone am Handgelenk, hatte panisch Topf und Pfanne weggezogen und dabei ihr Handy auf die glühend rote Herdplatte geschubst. Es stank bestialisch. Nach verbrannter Sahne, heißem Fett und geschmolzener Plastikhülle.

„Welcher Idiot hat das Fah…", weiter kam Herrmann nicht, als er die Küche betrat. Hedwig riss ein Fenster nach dem anderen auf. Der Trockner im Keller schwieg.

Hedwig nicht: „Du – ganztägig zu Hause am Herd – bist gefährlicher als jedes Virus!" Herrmann zog sich einen Stuhl heran und sank darauf nieder.

„Tut mir wahnsinnig leid, Schatz. Ich finde, wir brauchen auch Abstandsregeln für zu Hause."

7 WOCHEN OHNE

Richtungs-wechsel / 6

Da stand Bileam am Morgen auf und sattelte seine Eselin. Aber der Zorn Gottes entbrannte darüber, dass er hinzog. Und der Engel des Herrn trat in den Weg, um ihm zu widerstehen. Und die Eselin sah den Engel des Herrn auf dem Wege stehen mit einem bloßen Schwert in seiner Hand. Und die Eselin wich vom Weg ab; Bileam aber schlug sie, um sie wieder auf den Weg zu bringen. Da trat der Engel des Herrn auf den Pfad, wo auf beiden Seiten Mauern waren. Und als die Eselin ihn sah, drängte sie sich an die Mauer und klemmte Bileam den Fuß ein an der Mauer, und er schlug sie noch mehr. Da ging der Engel des Herrn weiter und trat an eine enge Stelle, wo kein Platz mehr war auszuweichen. Und als die Eselin ihn sah, fiel sie auf die Knie unter Bileam. Da entbrannte der Zorn Bileams, und er schlug die Eselin mit dem Stecken. Da tat der Herr der Eselin den Mund auf, und sie sprach zu Bileam: Was hab ich dir getan, dass du mich nun dreimal geschlagen hast? Bileam sprach zur Eselin: Weil du Mutwillen mit mir treibst! Ach dass ich jetzt ein Schwert in der Hand hätte, ich wollte dich töten! Die Eselin sprach zu Bileam: Bin ich nicht deine Eselin, auf der du geritten bist von jeher bis auf diesen Tag? Da öffnete der Herr dem Bileam die Augen, und er neigte sich und fiel nieder auf sein Angesicht. Und der Engel des Herrn sprach zu ihm: Warum hast du deine Eselin nun dreimal geschlagen? Siehe, ich habe mich aufgemacht, um dir zu widerstehen; denn der Weg vor mir führt ins Verderben.

Numeri 22,21–32 (Auswahl)

Richtungswechsel

Susanne Breit-Keßler

BIBLISCHE MINIATUR ZU NUMERI 22,21–32 (AUSWAHL)

Es ist kein Platz mehr auszuweichen. Weder zur Rechten noch zur Linken. Endlich. Vorbei ist es mit sämtlichen Ausreden, mit dem Verdrängen. Man ist genötigt, sich zu stellen, sich selbst zu begegnen. Alle Spielräume sind weg, damit neue entstehen können. Aber gemach … Erst ist die Konfrontation dran. Bileam, die Eselin, der Engel – das sind drei ganz verschiedene Gestalten. Aber ebenso gut können sie alle einen Anteil der eigenen Persönlichkeit darstellen. Nicht bloß dann, wenn wir mal wieder ein rechter Esel gewesen sind …

Bileam, die Eselin, der Engel. Zu Zeiten haben wir uns verrannt und beharren auf unseren Vorhaben. Dann wieder weichen wir dem Unausweichlichen aus – so lange, bis wir in die Knie gehen. Und schließlich begreifen wir oft genug, was in die Irre führt und uns schadet. Alle diese Verhaltensweisen haben durchaus Vorzüge, und sie können Nachteile haben. Bileam – das sind die Anteile in mir, die sich nach Anerkennung sehnen. Danach, anderen einen Gefallen zu tun, dafür Lob und Sympathie, vielleicht auch materielle Güter einzuheimsen. Das ist erst einmal nicht schlecht, weil der Prophet einer vermeintlichen Sorge abhelfen möchte. Bileam folgt dem Ruf eines Königs, der will, dass er die Israeliten verflucht, denn er hat Angst vor ihnen. Und er bietet dem Propheten eine Menge Geld dafür. Bileam spricht mit Gott, der ihm den Fluch zunächst untersagt. Er hört also auf seine innere Stimme. Aber dann zieht Bileam los, weil Gott ihn schickt und dann komischerweise zornig wird. Also „mach doch!“ sagen und sich hinterher ärgern. Das passt aber nicht zu Gott. Bileam hat irgendwas nicht kapiert. So wird es sein.

Er ist unterwegs, um Einfluss zu nehmen. Ohne Menschen, die sich konsequent aufmachen, bliebe immer alles beim Alten. Und wer sich engagiert, der macht sich die Hände schmutzig. In Bileam entdecke ich noch etwas, was ich kenne. Er nähert sich seinen Grenzen, er überschreitet sie und scheitert. Die eigenen Grenzen kennenlernen, das gehört zum Leben dazu. Genauso wie Verständnis dafür zu entwickeln, was richtig ist und falsch. Dieser Prozess ist nie abgeschlossen, weil die Wahrheit nicht immer auf der Hand liegt.

Der Esel steckt natürlich auch in mir, vielmehr die Eselin. Jemand, der sieht, was dran ist, dem der Engel schon förmlich ins Gesicht springt, der aber eben trotzdem ausweicht. Es muss doch einen bequemeren Weg geben. Nein, ich will nicht umkehren. Gelegentlich prüft man im Beruf, wie weit die eigenen Fähigkeiten reichen, und fällt dabei auf die Nase. Wir probieren aus, wie weit wir im Umgang mit anderen gehen können, mit dem Partner beispielsweise. In Gesprächen, in denen wir Konflikte aufarbeiten möchten, merken wir: „Bis hierher und nicht weiter.“ Da sind die Grenzen, die des anderen und die meinen. Mehr geht nicht. Solche Erfahrungen tun weh. Man geht in die Knie wie die Eselin.

“ Wer sich engagiert, der macht sich die Hände schmutzig. ”

Und gerade dann könnte es so weit sein – dass man zum Engel wird. Zu einem, der Einsicht gewinnt und spürt, wo es langgeht, damit man selbst und andere keinen Schaden nehmen. Wie schön das ist: Gott nutzt manchmal „engelische Blockaden“, tritt uns Sturköpfen in den Weg und ans Schienbein, damit wir merken: Hey! Ich kann auch anders!

KEHRTWENDE, BLICKRICHTUNGSWECHSEL

Reinhold Truß-Trautwein

Wie oft ist uns das passiert? Dass wir bei einem Waldspaziergang, Tendenz Wanderung, gemerkt haben: Das wird hier nichts, das kann nicht der richtige Weg sein. Von der Idee, es dann in der gefühlt besseren Richtung einfach querwaldein zu versuchen, haben wir uns irgendwann radikal verabschiedet. Sie hatte zu häufig ins Unterholz geführt oder auf riesige Umwege. Ja, zielführend ist in so einem Moment der größtmögliche Richtungswechsel, der um 180 Grad.

So eine Kehrtwende bewährt sich öfter auch beim Denken, erst recht, wenn es ins Grübeln hineinrutscht. Denn das führt ja auch meist ins Gestrüpp oder auf endlose Schleifen. Ich weiß das längst. Es zu wissen, hilft aber nicht viel. Ich muss die Kehrtwende üben, im Sinn von trainieren. Leider tue ich das zu wenig. Deshalb brauche ich da die Erinnerung, die mich anstößt und sagt: „Blickrichtungswechsel! Jetzt!“ Zum Glück kann man das auch anders ausdrücken, so, dass das Herz da besser mitkann. Theodor Fontane sei Dank für die folgenden Zeilen:

„Wes Fuß wär’ niemals fehlgesprungen? Wer lief nicht irr’ auf seinem Lauf?

Blick hin auf das, was dir gelungen; und richte so dich wieder auf.“

Da hat der Dichter mich mit einem schönen starken Mantra beschenkt.

Meine zweitliebste Erinnerung daran, die Blickrichtung zu wechseln, stammt von Jesus, klar; sie ist eine doppelte. „Seht die Vögel unter dem Himmel an (wie sie fliegen)! … Schaut die Lilien auf dem Feld an, wie sie wachsen!“ (Matthäus 6, Verse 26 + 28) Sicher, da steht noch einiges mehr. Aber mir reicht das für den Moment, als die Erinnerung, die mich anstößt und sagt: Heb mal den Kopf, leg ihn leicht in den Nacken, mach die Augen auf und lass deine Blicke noch oben schweifen, Richtung Himmel! Und weiter sagt sie: Guck jetzt mal nicht auf den Weg, der vor dir liegt, achte nicht mal auf die nächsten Schritte; bleib kurz stehen und sieh dich um, nach links, nach rechts; schau auch mal zurück, was hinter dir liegt!

> “ Guck mal nicht auf den Weg, der vor dir liegt. ”

Und wenn ich das tue, es übe, es trainiere, stellt sich öfter ein weiteres wunderbares Mantra ein, eins von Jesus: „Der morgige Tag wird für das Seine sorgen.“ (Matthäus 6, Vers 34) Und ich glaube ihm.

DAS GEHT!

Bernhard Felmberg

„Das geht gar nicht!“, sagt meine Bekannte Doro, wenn ihre Mutter die Pelzjacke anzieht. Das stimmt: Kaninchen ist zurzeit modisch und ethisch nicht dran. Und es stimmt nicht: Die Jacke passt immer noch – und produziert ist sie jetzt ohnehin.

„Das geht gar nicht“, sagt der gestresste Kollege, wenn die Chefin ein neues Projekt anschleppt. Stimmt: Sie waren schon vorher gut beschäftigt. Da war keine Zeit für Langeweile. Stimmt nicht: Vielleicht wird das der neue Schwerpunkt? Hat nicht jedes Projekt so angefangen? Nicht alles, was nicht geht, geht nicht.

„Das geht gar nicht“, sagt der nette alte Herr auf dem Kirchentag, als er mitten im Geschehen die Soldaten mit ihrer Gulaschkanone entdeckt. Stimmt: So ein entspanntes Christentreffen ist der Probelauf für Gottes neue Welt; wer will da an Kanonen und Soldaten denken? Stimmt nicht: Die Hungrigen stehen Schlange; sie lieben es.

Das geht gar nicht – denkt der Soldat –, dass ich mich erst fünf Monate auf den Kirchentag freue und dann fünf Tage über Leute ärgere, die einfach nur Frieden wollen. Den will ich doch auch! Dafür bin ich da. Und dieser Frieden fängt heute an – hier, mit diesem Mann. Diesen Frieden will ich gewinnen. Dafür bin ich bereit zu kämpfen. Wenn's sein muss, mit Zuhören. Wenn's sein muss, mit Gulaschsuppe.

Sie haben nicht lange geredet, aber es war okay. Der nette alte Herr ist kein Soldat geworden und der Soldat kein netter alter Herr (aber bestimmt wird er mal einer).

Vielleicht fängt so der Frieden an: Wenn Leute sich nicht ärgern, dass der andere einen anderen Blickwinkel hat, sondern begreifen: Selbst wenn jeder nur in seine Richtung guckt, haben wir alle zusammen schon ziemlich viel im Blick. Und dann reden wir: über Pelzjacken, über Business-Projekte und über den Frieden. Das geht. Oder wie Doro sagt: „Da geht noch was!"

Wenn Sie an eine verfahrene Situation in Ihrem Umfeld denken: Worum geht es wirklich? Gibt es andere Wege?

Richtungswechsel – konkret

Beate Hofmann

Es war alles perfekt geplant. Wir würden pünktlich zum nächsten Termin in der Stadt sein. Entsprechend zeitig waren wir am Morgen aufgebrochen. Einhundert Kilometer Schotterpiste lagen vor uns. Da kein Sturm und auch kein Regenwetter in den letzten Tagen übers Land gezogen war, sollte der Weg gut passierbar sein. In zwei Stunden würden wir die asphaltierte Straße erreichen und dann war alles berechenbar.

Dachten wir.

Bis uns ein fünf Meter breiter und zwei Meter tiefer Graben den Weg abrupt blockierte. Vorsichtig brachten wir den Wagen zum Stehen, stiegen aus und starrten ungläubig auf die breite, unpassierbare Rinne, die uns die Weiterfahrt absolut unmöglich machte. Wenn dir so etwas unverhofft passiert, völlig ohne Vorankündigung oder Vorahnung, dann glaubt man, im falschen Film zu sein. So etwas gibt es doch gar nicht! Immerhin war dieser Weg eine öffentliche Zufahrtsstraße, die zwar wenig befahren, aber nicht gesperrt war. Man hätte das doch irgendwo anschreiben müssen oder bekanntgeben oder Schilder aufstellen. Nichts davon war passiert, und so standen wir nun ratlos und allein in der Gegend. Ausgebremst!

In Deutschland hätte ich den ADAC, die Polizei oder irgendjemanden alarmiert. Bei wem beschwert man sich in einem fremden Land, zumal, wenn das Handy nicht mal Netz hat? Ich erinnere mich gut an diese ersten Minuten. Wir waren schlicht ratlos. Da enden alle Vorstellungen und Ideen an einem Hindernis auf dem Weg. Deine Pläne kannst du vergessen. Hier kommst du nicht weiter!

Glücklicherweise tauchten fünfzehn Minuten später plötzlich Bauarbeiter auf der anderen Seite des Grabens auf. Sie starrten ebenso verblüfft auf uns wie wir auf die unpassierbare Straße. Woher wir denn kämen und wieso wir nicht auf die Ankündigungen im Radio gehört hätten, riefen sie herüber. „Wir haben kein Radio, wir waren zu Besuch bei Freunden, die am Ende der Straße am See leben und wir haben einen Termin in der Stadt. Wir müssen heute noch dorthin“, riefen wir hinüber.

Inzwischen war klar, die Straßenwacht hatte hier eine größere Baustelle eingerichtet, um die ramponierte Straße für den Winter zu sichern und befahrbar zu machen. Offensichtlich gab es Ansagen im Radio, so man denn Radio hörte. An uns war das vorbeigegangen. Die Bautruppe beriet sich und schließlich riefen sie herüber, wir sollten spazieren gehen. In zwei bis drei Stunden wäre ein provisorischer Übergang für uns möglich.

Ausgebremst – das sagen wir mitunter im Leben, wenn es komplett anders läuft als gedacht. Wenn die Pläne nicht mehr aufgehen. Wenn uns eine Krankheit in die Quere kommt, wenn es mit den Aufstiegs- oder Einstiegsplänen beruflich nicht passt, wenn wir merken, dass wir gegen die gläserne Wand laufen mit unseren Argumenten.

> Ein göttlicher Augenblick.

Die alte biblische Erzählung von Bileam, dem Propheten, dessen Eselin ihn auf dem Weg zu einer wichtigen Mission ausbremst, spiegelt diese Erfahrung wieder. Bileam ist ungeduldig, unbeherrscht und ziemlich außer sich. Es braucht eine Weile, bis ihm klar wird, dass es so nicht geht, wenn es weitergehen soll. Schließlich gehen ihm die Augen auf und ihm wird klar, dass er es ist, der umdenken und in diesem Fall auch umkehren muss. Ein göttlicher Augenblick.

Kennen Sie diesen Moment, wenn man nicht mehr rebelliert und wütend protestiert, wenn man akzeptiert, dass ein Plan nicht aufgeht, und bereit ist, einen Richtungswechsel anzunehmen? Annahme ist etwas anderes als Aufgabe. Wer annimmt, resigniert ja nicht. Im Gegenteil, er wird fähig, die Blockade zumindest innerlich zu überwinden und sich zu öffnen für das, was stattdessen dran ist. Erstaunlicherweise stellt sich dabei oft ein Gefühl des Friedens ein.

Als wir damals begriffen hatten, dass wir dankbar sein konnten, überhaupt jemanden an der Baustelle zu treffen, nahmen wir die Wartezeit gerne in Kauf. Wir gingen spazieren, akzeptierten, dass sich alle ursprünglichen Pläne geändert hatten und holperten zwei Stunden später sehr vorsichtig über den provisorisch zugeschütteten Weg. Es blieb uns die wertvolle Erfahrung, dass es ein Grund zum Danken ist, wenn das Leben in dem Tempo und in die Richtung läuft, die wir uns vorgestellt haben.

Coaching-to-go-Tipps für den Umgang mit Blockaden:

- **Den Zweifel begraben, die Hoffnung blühen lassen:** Manchmal haben wir Pläne gemacht, die sich nicht realisieren lassen. Dann speichern wir diese Erfahrung und trauern einer Sache ewig hinterher. Das blockiert jeden Neuanfang. Daher empfehle ich ein kleines, ganz praktisches Ritual:

  Schreiben Sie auf einen Zettel, was Sie begraben wollen an Ärger, Zweifel, Misslungenem, Plänen, die nicht aufgegangen sind. Vergraben Sie diesen Zettel in einem Blumentopf oder Beet und setzen Sie im Frühjahr eine Pflanze in dieses Erdloch direkt auf die Zettel. Gießen Sie die Pflanze und beobachten Sie sie immer wieder in ihrer Entwicklung. Es hilft Ihnen, die Perspektive zu wandeln und sich auszurichten auf das, was Neues entsteht, statt auf das, was Sie blockiert. Ich habe im Frühjahr ein Rosenstöckchen auf meine Zweifel gepflanzt, und als im Sommer die Rosen blühten und im Herbst ein zweites Mal, erinnerten sie mich an all das Gute, was entstehen konnte, seitdem ich meine Enttäuschung begraben hatte.

- **Richtungswechsel spielerisch üben**: Vieles in unserem Alltag ist eingespielt. Manches in unserem Kopf ist eingefahren. Innovativ bleibt man nur, wenn man in der Lage ist, auch mal komplett anders zu denken. Um uns daran zu erinnern, dass es durchaus auch anders geht, vollziehen Sie vertraute Bewegungen und Wege bewusst und spielerisch einmal anders. Also mit dem anderen Bein zuerst in die Hose steigen, mit der linken Hand eine Notiz machen, die Gassirunde mit dem Hund genau anders herum machen, ein Stück Weg rückwärts laufen, eine neue Straße auf dem Weg zur Arbeit fahren, mal einen gezielten Umweg machen usw. Sie werden merken, dass es gar nicht so leicht, aber horizonterweiternd ist.

BRUCHLINIE

Henning Kiene

Ein junger Mann lebte als Gast in einem alten Kloster. Er fehlte bei keinem Gebet. Die alten Harmonien der Gesänge taten ihm gut. Er spürte die Eintracht, die in diesen Mauern zu Hause ist. Mit jedem Tag im Kloster wurde sein Gebet inniger. Der gleichmäßige Rhythmus gab ihm Halt und darin fand er Ruhe. Da klang kein falscher Ton durch die Klosterkirche. Sein Herz, sonst durch den Alltag gehetzt, schlug für dieses Gleichmaß. Er fand hier einen eigenen, ursprünglichen Rhythmus.

Er arbeitete im Klostergarten mit, fügte sich in die Gemeinschaft. Doch dann erlebte er kleine Sticheleien. Er erlebte zarte Bruchlinien, die zogen sich durch die Gemeinschaft. Die Arbeit geriet manchmal sogar ins Stocken. Er spürte, wie ein unbestimmter Neid einen Schatten über die Gemeinschaft legte. Die Gebete büßten, so meinte er, ihre Kraft ein. Diese leichte Bruchlinie hätte er übersehen können. Sie störte aber die Harmonie, die er hier gefunden hatte.

> “Sein Leben war nicht makellos.”

Er folgte weiter dem Rhythmus von Arbeit und Gebet. Doch in seinen Ohren forderten die Gebete ihr Recht ein, sie klangen energischer. Die Bitten drängten zunehmend in den Alltag hinein. Er spürte nun auch eine Bruchlinie, die er in sich trug. Sein Leben war nicht makellos. Es gab Zwist, den er geschürt hatte. Er begann sich zu schämen für die Härte, mit der er Menschen begegnen konnte. Mit jedem Tag im Kloster spürte er das deutlicher. Sein Herz schlug heftig, nur im Gebet kam es zur Ruhe.

Hier im Kloster war der eigentliche Rhythmus des Lebens zu Hause. Die Eintracht, die er in diesen Mauern erlebte, begann seinen eignen Zwiespalt zu überbrücken. Er spürte, wie das Gebet die Bruchlinien überwand. Als er später das Kloster verließ, kehrte er in den Alltag zurück. Schnell war alles wie früher. Er ließ sich wieder hetzen. Doch immer wieder dachte er an die hohe Klosterkirche und erinnerte die Gebete und die Stunden der Arbeit. In solchen Augenblicken spürte er, dass es eine ursprüngliche Eintracht mit seinem Leben geben muss. Er freute sich, dass er die Bruchlinien nun kannte. Die Gesänge in der Klosterkirche klangen ihm in den Ohren. Sie sorgten für seinen Herzschlag.

ESEL UND ENGEL

Andreas Malessa

Ist es nicht beruhigend? Dass Kreuzfahrtschiffe nicht umkippen, wenn fast alle viertausend Passagiere schlagartig zur linken Seite rennen? In einem Ruderboot wär' das schon bei vier Personen so.

Die Durchsage „Delfine backbord!" löst hektisches Gedränge auf allen Stockwerken aus. Die Weltmeere bieten wahrlich genug „Spielräume" für kleine Zahnwale, und dass sie fröhlich „spielen", sieht man ja an ihrem lächelnden Gesichtsausdruck beim Springen.

Die Glücksschreie der Kinder, das rasende Klacken der Fotokameras, die staunenden „Ahs" und „Ohs" der Menschenmassen an der Reling übertönen zuverlässig, was die zehn, zwanzig Delfine da draußen an keckernden Klick- und Pfeiflauten von sich geben. Auch das ist beruhigend. Dass niemand versteht, was sie „sagen".

Jetski- und Motorboot-Raser in Strandnähe, tödliche Treib- und Schleppnetze vor den Küsten, Plastikmüllwolken und Schiffsschraubenlärm auf hoher See – vielleicht springen Delfine ja nur deshalb in die schwerölverpestete Luft neben den Kreuzfahrtschiffen, um zu rufen: „Haut ab, ihr Arschlöcher"? Wer weiß.

„Flipper" war laut Titelmelodie einer Sechziger-Jahre-TV-Serie „der Freund aller Kinder". Der Traum aller Kinder ist es, die Sprache der Tiere zu verstehen.

Vom gutmütigen Bär in Grimms „Schneeweißchen und Rosenrot", vom gemütlichen Balu im „Dschungelbuch" über den Gänserich Martin in „Nils Holgersson" bis zu „Dr. Doolittles" Papagei und dem oscargekrönten Filmsong „Talk to the Animals."

Singles bestreiten heftig, ihre Katze sei ein Partnerersatz, sagen ihr aber „Ciao" beim Weggehen und „Na, du? Hallo!" beim Nachhausekommen. Gute Reiter „lesen" die Körpersprache ihrer Rösser und hoffen, „Pferdeflüsterer" zu sein. Rund vier Millionen Hundebesitzer in Deutschland gehorchen gern dem klar geäußerten Willen ihrer Begleiter. Den geradezu psychotherapeutisch heilsamen „Gesang der Wale" im Tablet der Esoterikerin versteht nur sie selbst – und was ihn vom Knarzen und Quietschen alter Holztreppen unterscheidet.

Sehen Tiere, was Menschen nicht sehen? Ganz sicher. Können Menschen von ihnen lernen? Noch sicherer, klar. Haben sie persönlich relevante, „religiöse" Botschaften für uns? Da bin ich mir nicht so sicher:

Als Bileams Esel in die Pampa galoppiert, ist das wie ein schlingerndes Auto, bei dem Lenkrad und Bremse versagen. Als ihm das bockige Vieh zwischen

Sattel und Mauer den Fuß quetscht und sich mit den Vorderläufen abrupt hinkniet, hat sich – heutzutage – der sonst so zuverlässige SUV überschlagen. Ich finde Bileams Wutausbruch verständlich.

Als ich mich unausweichlich eingeklemmt fühlte – terminlich, finanziell, kräftemäßig –, da kamen die „wegweisenden", blockadelösenden Worte Gottes nicht von den Fischen im Aquarium des Chinarestaurants, sondern von meiner Frau, mit der ich dort saß. Ein Engel. Mit Flammenschwert manchmal, ja, aber ein Engel.

Vielleicht lohnt es sich, nach dem Engel Ausschau zu halten, bevor Sie das nächste Mal die Nerven verlieren?

7 WOCHEN OHNE

Die große Freiheit / 7

Und als der Sabbat vergangen war, kauften Maria Magdalena und Maria, die Mutter des Jakobus, und Salome wohlriechende Öle, um hinzugehen und ihn zu salben. Und sie kamen zum Grab am ersten Tag der Woche, sehr früh, als die Sonne aufging. Und sie sprachen untereinander: Wer wälzt uns den Stein von des Grabes Tür? Und sie sahen hin und wurden gewahr, dass der Stein weggewälzt war; denn er war sehr groß.

Markus 16,1–3

Die große Freiheit

Susanne Breit-Keßler

BIBLISCHE MINIATUR ZU MARKUS 16,1–3

Die Sehnsucht, es möcht' endlich ein coronafreier Frühling werden, die ist nach einem Jahr mit dem Virus groß. Wirtschaftliche und soziale Nöte, Proteste in unserem und in anderen Ländern, anhaltende Einschränkungen nehmen unsere Herzen gefangen. Kein Spielraum mehr … Alles blockiert. Verflucht! Wer sehnt sich da nicht nach einer Welt, in der es Frühling, Ostern wird – in der Auferstehung und Leben Triumphe feiern?

Ja, der Winter war lang und hat sich schwer auf unsere Gemüter gelegt. Es wird Zeit, die Steine von den Gräbern zu wälzen, Leichentücher zusammenzufalten und den Gräbern den Rücken zu kehren, weil Jesus von Nazareth auferstanden und lebendig ist.

Wie gut, dass die Ostergeschichte nicht simpel ist. Es ist eine, die pendelt zwischen Sorgen und Panik; eine, in der das Entsetzen vorkommt, dazu noch Zittern und Furcht. Sie macht ernst mit der Realität.

Die österliche Botschaft von neuen Spielräumen: Es dient uns selbst und anderen, wenn wir auf uns und auf andere, die mit und neben uns leben, einen achtsamen Blick haben. Die Frauen, die am Kreuz gestanden sind, gehen zum Grab. Noch gefangen in ihrem Schmerz und in ihrer kleinen, traurigen Wirklichkeit, besorgt, ob sie tun können, was sie wollen. Die ersten Schritte ihrer Trauerarbeit haben begonnen.

Nach dem Entsetzen, dem Schock über den Verlust eines geliebten Menschen helfen die kleinen wichtigen Besorgungen, einen Hauch von Normalität zu schaffen. Die Ahnung, die Hoffnung darf wachsen: Was tot ist, darf lebendig werden. Wir dürfen uns in diesem und in einem anderen Leben aus unseren Gräbern erheben, in die wir sinken, wenn uns Einsamkeit, Trauer und Verzweiflung, zuletzt der Tod niederstrecken.

Gott kann irdisches zum ewigen Leben wandeln, alle Steine wegwälzen, die uns in unserer Trauer auf der Seele liegen. Der Gräbergang wandelt sich in eine Rückkehr zum Leben. Blicke, Gedanken, Worte und Taten sollen sich abwenden vom Tod und von den Gräbern – hin zu einem vertrauensvollen Leben mit einem weiten Herzen und einem offenen Verstand. Denn Liebe ist die Ursache unseres Daseins – sonst nichts.

Wer wirklich liebt, der kann den anderen nicht tot denken, er kann und will nicht wollen, dass der andere tot ist. Wir müssen wohl lange Trauerarbeit leisten, wenn uns ein Mensch verlässt. Aber wir werden ihn oder sie uns ewig lebend vorstellen, wie neu geboren. In unserer Liebe wird ein Verstorbener für immer leben – und wir werden, bei Gott, ewigen Spielraum haben. Der Ruf Gottes heißt seit Ostern: Ich lebe, und ihr sollt auch leben!

Welche Frühlingsmomente tauen Ihnen das Herz auf?

EIN LICHT SEHEN

Johann Hinrich Claussen

Drei Frauen gehen am ersten Morgen der neuen Woche zum Grab. Sie wollen den Leichnam Jesu salben. Sie wollen dem geschundenen Körper Zeichen der Liebe erweisen. Noch einmal ihm nahe sein. Der Gewalt und dem Tod können sie nichts entgegensetzen. So, wie wir machtlos an den Gräbern unserer Verstorbenen stehen. Und doch zählt dann jedes Zeichen. Damals waren viele Gräber in Felsen gehauen. Davor kam ein großer Stein zum Verschließen. Auf dem Weg fragen die Frauen sich: Wer wälzt uns den Stein von des Grabes Tür? Der Felsstein vor Jesu Grab steht symbolisch für den Tod als die ultimative Blockade. Er trennt Leben und Tod. Die Lebenden von den Toten. Und dann kommen die Frauen zum Grab. Der Stein ist weg. Sie hatten Angst vor etwas, das Gott längst beiseite geräumt hat. Jesus ist auferstanden. Gott hat die Trennung zwischen Leben und Tod aufgehoben. Am Ende wartet ein Anfang auf uns. Dem sieht unsere siebte und letzte Fastenwoche entgegen.

Menschen gibt es – ich bin einer von ihnen – die sehen eher auf den Stein als auf die Öffnung. Das hat auch sein Recht: Notlagen wahrnehmen, Krisen durchdenken, Schmerzen nicht verdrängen. Aber für die Bewegung des Lebens und des Glaubens ist das andere noch wichtiger: ein Licht sehen und anderen zeigen, einen Trost finden und spenden, eine Hoffnung haben und teilen. Eigentlich ist beides ja eins, in meinem Leben und für meinen Glauben. Den Tod, das Leiden oder das Böse will ich erkennen als das, was es ist. Doch darin will ich nicht untergehen, mich nicht geschlagen geben, nicht allein bleiben damit, sondern neu und anders ins Leben und die Fülle finden, gemeinsam mit anderen.

> „Die Augen aufmachen und das Herz öffnen."

Wie das möglich ist, habe ich nicht in der Hand. Aber ich kann die Augen aufmachen und das Herz dafür öffnen. Dann kann es geschehen, dass der Stein längst fort und eine Öffnung da ist – mitten in meiner ganz alltäglichen Existenz. Ich muss mich nur auf den Weg machen, suchen und dann, wenn ich fündig geworden bin, mir diese Erfahrung erlauben, sie genießen und anderen Menschen davon erzählen. Das kann man als Glück bezeichnen. Ich möchte es lieber Gnade nennen.

LETZTE ÖLUNG

Siegrfried Eckert

Meine Mutter starb ganz plötzlich. Als mich die Nachricht erreichte, fuhren wir sofort zu ihr. Auf der sechsstündigen Fahrt bedrängten wir per Handy Kriminalpolizei und Bestatter, auf uns zu warten. Sie wollten sie so schnell wie möglich in die Gerichtsmedizin verfrachten. Ihren fünfundachtzigsten Geburtstag hatten wir wenige Wochen zuvor noch wie eine Krönungsmesse gefeiert.

Das Beten hatte sie als Kind im Luftschutzkeller gelernt. Während die Bomben fielen, tröstete sie sich mit: weil ich Jesu Schäflein bin. Ein frommes Kinderlied war ihr Pfeifen im Wald, das Gegengift gegen ihre Todesangst. Ich vermute, sie wird es auf ihren Lippen getragen haben, als ihr in einer tropischen Nacht der Odem entwich, das Herz versagte.

Die Autofahrt wurde zur Punktlandung. Mit einem Wildrosenöl, was ich zu Hause schnell eingepackt hatte, zeichneten wir ihr ein Kreuz auf die Stirn und beteten das Vaterunser. Dann legte ich meine Hand auf ihren kalten Kopf, um einen letzten Segen zu sprechen.

Dubiose Gestalten zogen danach den Reißverschluss des Leichensacks zu. Pietätlos ging es ab mit ihr in die Kühlkammer.

Liebe und Dankbarkeit sind die Engel des Abschiedes. Beides verspürte ich in diesen Momenten wie nie zuvor. Irgendwann werden wir uns wiedersehen und das große Abendmahl feiern. Mutter wird zuvor an den Kochtöpfen gestanden haben, wie sie es immer für uns tat. Und ihr altes Kinderlied gewiss zu Ende gesungen haben: „Sollt ich denn nicht fröhlich sein, ich beglücktes Schäfelein? Denn nach diesen schönen Tagen werd ich endlich heimgetragen in des Hirten Arm und Schoß: Amen, ja, mein Glück ist groß!“

offenes grab

im morgengrauen
lichtete sich der nebel
erschien ihnen
das leben neu
gärtner wurden zu engeln
engel zu göttern
aus offenen gräbern entstiegen
unglaubliche geschichten

drei traurige gestalten
einzigartig wie ihre fingerabdrücke
standen mit wohlriechenden ölen
noch hilflos herum
ihr duft vertrieb

die ratten der verwesung
sie blickten gebannt
in die schwarzen löcher ihrer ratlosigkeit
bis ein blitz einschlug
die erde erbebte
ein ruck durch die welt ging
als die botschaft eines engels
gehör fand
sucht nicht den lebenden
bei den toten

für einen augenblick
glaubten die drei tatsächlich
den gekreuzigten
unter den lebenden
gesehen zu haben

trunken vor freude
verschenkten sie
ihre salben und öle
weil eine frühlingsfrische hoffnung
auf morgenroten wiesen
in ihren herzen erblühte

Die große Freiheit – konkret

Beate Hofmann

Haben Sie sich auch schon einmal innerlich getröstet mit der Überlegung: „Ich kann nicht tiefer fallen als in Gottes Hand“? Ich denke, es ist ein Satz, der wohl so manchen Menschen in einer Lebenskrise mental aufgefangen hat. Neulich ergänzte ihn mein Mann so: „Ich kann nicht tiefer fallen als in Gottes Hand … und in meine Wanderschuhe.“ Ich musste schmunzeln und fand es sehr zutreffend. Denn ich erinnerte mich sofort an diesen sehr besonderen Sommer …

Wir haben erst kürzlich wieder ein Stück auf dem Jakobsweg zurückgelegt. Nein, nicht in Spanien. Das war aufgrund der Reisebeschränkungen nicht drin. Doch der Jakobsweg ist ein weit verzweigtes Wegsystem, und wir sind über mehrere Tage hinweg ein Stück des Weges durch Süddeutschland hinunter ins Donautal gewandert. Ich mag Fernwander- und Pilgerwege sehr. Einmal auf dem Weg, weitet sich die eigene Bereitschaft, auch gedanklich unterwegs zu sein. Man nimmt nicht nur die Natur intensiver wahr, sondern zugleich auch sein Leben unter die Füße. Während des Gehens kommt man ins Reflektieren, sinniert über Gewesenes und Künftiges, kommt viel leichter als sonst in den Austausch mit fremden Menschen, traut sich um Hilfe oder ein Nachtquartier zu fragen und spürt sich selbst mit allen Sinnen. Das Leben wird elementarer in den Wanderschuhen. Man betet mit den Füßen, erlebt Gott als mitgehende Kraft, ist jedem Wetter unmittelbar ausgeliefert und spürt, wie weit die eigenen Füße tragen. Dadurch wächst Selbstvertrauen. Denn die eigene Wirksamkeit wächst mit jedem Kilometer.

Man stellt fest, dass es nicht schadet, einmal nass zu werden oder unbequem zu schlafen. Die Fehlschläge gehören dazu und machen letztlich belastbarer, denn irgendwie geht es ja stetig weiter. Allmählich stellt sich eine große Freiheit ein. Die Gedanken sind frei. Sie kommen ins Laufen, und ich selbst bemerke im Abstand zu meinem Alltag, in wie vielen Unfreiheiten ich mich sonst verfange, von denen ich mich unterwegs mit Leichtigkeit distanzieren kann.

Wenn uns die großen und schweren Aufgaben unseres Lebens bedrücken, wenn es scheinbar keine gute Perspektive oder Lösung gibt, dann geh! Das jedenfalls ist meine Erfahrung. Immer wieder haben wir es unterwegs erlebt, dass sich ein Weg zeigt, wenn wir uns auf den Weg gemacht haben. Unverhofft und unberechenbar zwar, aber doch in schöner Regelmäßigkeit.

Deshalb mache ich Menschen als Beraterin auch im Berufsleben Mut aufzubrechen, wenn es zu schwer wird. So wie für die Frau, die Anfang fünfzig nach langen Jahren zuverlässiger und engagierter Arbeit als Teamleiterin plötzlich miterlebt, wie die Firma in Turbulenzen und in die Insolvenz gerät. Jetzt ist sie arbeitslos und das drückt ihre Seele zu Boden. Sie ist mutlos, verzagt und wagt es schließlich, sich Unterstützung zu holen, um zurück in ihre Kraft zu kommen. Nachdem sie sich besonnen hat auf ihre Fähigkeiten, ihre Vision und Ausrichtung, sich verankert hat in der Zusage, anderen zum Segen zu werden, wird sie aufbrechen hinein in eine selbstständige Arbeit. Sie weiß, das ist sie sich und ihrer Mitwelt schuldig. Sie schuldet dem Leben das Leuchten in ihren Augen. Also steht sie auf und wagt den nächsten Schritt. Und dann noch einen und noch einen.

“ Also steht sie auf und wagt den nächsten Schritt. ”

Manchmal fragt sie sich beklommen, ob sie sich nicht überfordert und ob wohl große Steine auf diesem Weg vor ihr liegen. Doch dann hört sie von Menschen, die es gewagt haben zu tun, wovon sie im Herzen überzeugt waren: Maria, die Mutter des Jakobus, Salome und Maria Magdalena zum Beispiel. Und dann klammert sie sich an die Hoffnung, dass der Stein schon weggewälzt ist. Von wem? Diese Frage ist unwesentlich. Wesentlicher ist es, endlich aufzubrechen. Vielleicht ist heute auch für Sie der Tag, an dem Sie sich sagen: „Ich bin so frei!“

Coaching-to-go-Tipps für Hoffnung:

- Haben Sie die Freiheit, eine ermutigende Geschichte zu lesen! Hier ein Tipp:
  Ich kann nicht tiefer fallen als in meine Wanderschuhe – das würde auch Raynor Winn, Autorin von „Der Salzpfad“ bejahen. Alles, was Raynor und Moth nach zweiunddreißig Ehejahren noch besitzen, passt in einen Rucksack. Durch eine unglückliche Verkettung von Umständen verlieren sie Haus und Einkommen und landen auf der Straße. Sie entscheiden sich, die Wanderschuhe anzuziehen, den Rucksack zu nehmen und Englands südlichsten Fernwanderweg zu laufen. Durch viele Tiefen hindurch finden sie neuen Mut, neues Vertrauen und schließlich ein neues Zuhause, weil auch ihnen ein Stein unverhofft zur Seite gerollt wird.

- Die Grenze von Licht und Dunkel, von Tod und Leben – sie wird uns emotional zugänglich, wenn wir in der Nacht aufbrechen und im ersten Dämmerlicht des neuen Morgens auf einem Berggipfel stehend den Tag begrüßen. Haben Sie Lust, zu diesem Mikro-Abenteuer? Sie brauchen dafür einen Rucksack mit Getränk (gerne ein Tee in der Thermosflasche), ein Sitzkissen, ein kleines Büchlein und Stift und eine Stirnlampe. Wanderstöcke zu nutzen, ist sinnvoll bei nächtlichen Aufstiegen. Gehen Sie schweigend, falls Sie mit Freunden oder Familie unterwegs sind. Öffnen Sie sich mit allen Sinnen den Eindrücken, die Sie unterwegs in der Natur aufnehmen. Vielleicht mögen Sie in dem Buch einen eigenen Psalm, ein österliches Gebet der Hoffnung und zum Überwinden der Dunkelheit im Leben schreiben? Wenn die Sonne aufgegangen ist, darf gesprochen, gesungen und sich über das Erlebte ausgetauscht werden.

- Wagen Sie es, über die hinderlichen Brocken, die „Steine“ in Ihrem Leben nachzudenken. Diese zu benennen und ihnen dann jeweils ein Teelicht der Hoffnung zur Seite zu stellen, kann ein kraftvolles Ritual sein, was hilft, die Perspektive zu wechseln und hoffend statt resigniert den nächsten Schritt zu wagen.

DIE GROSSE FREIHEIT

Kirsten Fehrs

Freiheit – Freiheit ist die einzige, die zählt. Denn sie ist ein Grundrecht des Menschen! Ist Tanz und Akzeptanz, ist Meinung und Sosein, ist bunt wie farbig. In Hamburg denkt jeder und jede bei dieser Freiheit, die besonders zählt, unweigerlich an die Große Freiheit auf dem Hamburger Kiez. Diese weltberühmte Seitenstraße zur Reeperbahn mit ihren flirrenden Lichtern, Clubs und Lokalen. Mit dem Hans-Albers-Flair mit maritim-herbem Charme, nachts um halb eins. Hier strömen die Menschen nachts laut feiernd hindurch, selbstvergessen und scheinbar sorglos: Jetzt wird genossen, was die sündige Meile zu bieten hat!

> “Ich wär gern so frei.”

Die Große Freiheit soll wirklich eine sein, also gibt man sich hin, lässt sich überraschen und übervorteilen, flirrt mit im Lichtermeer. Bei Tageslicht dann setzt meist die Ernüchterung ein, buchstäblich. Die Reeperbahn morgens um halb zehn kann gnadenlos sein in ihrer Katerstimmung. Die Nöte, Ängste und Sorgen drücken schwer aufs Gemüt. Wie ein Stein. Die vorübergehende Ablenkung ist eben allerhöchstens ein Umweg auf der Suche nach der echten, inneren Freiheit. Ich wär gern so frei, seufzt der Mensch dann noch eindringlicher und fragt sich: Wie komme ich frei von Ängsten und Zwängen, von diesem Arbeitsdruck, wie kann ich verwinden Trauer oder Tod?

Wer wälzt uns den Stein von des Grabes Tür? Am Ostermorgen ist das die alles entscheidende Frage für die drei Frauen, die noch einmal zu Jesus wollen, und auch heute ist sie es oft noch. Wer wälzt mir meinen Stein vom Herzen? Meinen Angst-Stein. Meinen Sorgen-Stein. Den Liebeskummer-Stein. Meinen Es-wird-nie-wieder-gut-Stein. Die drei Frauen fragen das auch. Steht doch der Stein zwischen ihnen und dem Menschen, den sie lieben. Der Tod besetzt den Eingang und gibt den Weg nicht frei. Doch dann liest man diese Worte: „Und sie sahen hin und wurden gewahr, dass der Stein weggewälzt war; denn er war sehr groß." Und sie sahen hin! Auf eben diesen Herz und Seele besetzenden Stein – und er war weg. Es wurde sich längst gekümmert. Die Frauen haben sich ganz umsonst gesorgt. Manchmal müssen wir genau hinsehen und gewahr werden: Der Stein ist weg. Oder doch zumindest viel kleiner als gedacht. Ostern wirft ein neues Licht auf unser Leben und unseren Schmerz. Es zeigt: Gott geht mit uns durch das tiefe Tal. Er wälzt den Stein von unseres Grabes Tür. Und schenkt neue Anfänge, immer wieder. Hierin liegt die echte große Freiheit, die hält, was sie verspricht – auch bei Tageslicht.

DAS UNMÖGLICHE VERSUCHEN

Bettina Limperg

Es sind die Frauen. Wieder einmal die Frauen, die das Ergebnis von Männergewalt und Machtmissbrauch behandeln, aufräumen, aushalten, verarbeiten müssen. Einen geschundenen Körper nach einer brutalen Hinrichtung wollen sie salben und das Ihre dazu beitragen, dem Toten die Ehre zu erweisen. Ich stelle sie mir traumatisiert vor. Sie haben das absurde, das zutiefst ungerechte Verfahren, die Kreuzigung, den qualvollen Tod des geliebten Menschen vor Augen. Sie konnten ihn nicht schützen, sie mussten das in Passivität ertragen.

Nun sind sie aktiv im letzten Liebesdienst, den sie Jesus erweisen können. Sie sind gemeinsam aufgebrochen, so früh wie möglich nach dem Sabbat. Sie versuchen zugleich etwas Unmögliches. Wie sollen sie den Stein wegbewegen, der den Zugang versperrt, vielleicht auch den Stein, der auf ihrem Herzen liegt? Und doch: voller Liebe genau das Unmögliche zu versuchen – was für ein schönes Moment in dieser traurigen, vom willkürlichen Verlust geprägten Situation. Sie finden Gemeinschaft auf einem Weg, von dem sie nicht wissen, wo er hinführt. Voller Liebe erweisen sie die letzte Ehre, obwohl der Tod eigentlich alles beendet hatte.

Behandeln, aufräumen, aushalten, verarbeiten – dennoch. Aus Liebe. Die Liebe lässt die Frauen Unmögliches in den Blick nehmen. Die Liebe führt die Frauen auf einen Weg, der nach menschlichem Ermessen vor dem Felsbrocken enden muss und dennoch am Ende zum Anfang wird. Diese Frauen sind mutig, ohne dass ihnen jemand Mut gemacht hätte. Diese Frauen nehmen sich eine Freiheit, die ihnen niemand zugemessen hat. Liebe, Mut und Freiheit, die in die Weite führen. Liebe, Mut und Freiheit, die durch den weggerollten Stein und die Auferstehungsbotschaft des Engels ihre göttliche Bestätigung finden.

Ich möchte mir an dieser unbedingten, an dieser bedingungslosen Liebe und ihrem Mut, an dieser aussichtslosen und vermeintlich zu spät kommenden Liebe ein Beispiel nehmen. Ich möchte die Hoffnung nicht aufgeben, dass der Gewalt und dem Missbrauch unter uns Menschen solche Liebe mutig entgegengesetzt werden kann und soll. Ich möchte daran glauben, dass solche Liebe unvermittelt gottgeschenkte gemeinsame Wege in die Freiheit findet. Die Osterbotschaft: Ein „Dennoch“ aus Liebe, mit Mut und zur Freiheit!

FÄLLT EIN STEIN VOM HERZEN

Andreas Malessa

Mit Blockaden kennt man sich in Stuttgart aus. Seit zehn Jahren schon. Erst besetzten Umweltschützer den Schlosspark, dann verhinderte ein Volksentscheid den Baustopp des Bahnhofs „Stuttgart 21", und seitdem blockiert ein gigantisches Erdloch den Zugbetrieb und den Stadtverkehr.

Wenn an Ostern in den Kirchen die besorgte Frage der Jüngerinnen Jesu zitiert wird: „Wer wälzt uns den Stein von des Grabes Tür?", fragen sich schwäbische Christenmenschen besorgt: „Welchen Stein wälzt man uns morgen vor die Tür?" Über Nacht können Kipplader riesige Abraumhalden aufschütten; es werden Baukräne installiert, Wohncontainer und Dixi-Klos abgeladen. Urplötzlich. Dass dort Berufstätige leben, die morgens aus ihren Wohnungen und Garagen herauswollen, überrascht die Planungsstäbe immer wieder.

Monis Vorschlag – sie ist immerhin Architektin –, den Bahnhof oben zu lassen und die Stadt zu versenken, fand keine Mehrheit beim Referendum.

Topografisch ist Stuttgart ein beinah kreisrunder Kessel, deshalb wohnen die Stuttgarter nicht in, sondern „mit Blick auf" Stuttgart. Nach unten, zum Boden des Topfes, verengen sich die Straßen an täglich wechselnden Baustellen, werden spontan gesperrt oder in erstaunliche Richtungen umgelenkt. Für das Aufstellen entsprechender Hinweisschilder bleibt da nun wirklich keine Zeit. „Ortskundige werden gebeten, die Umgehungsstraßen zu benutzen“, heißt es im Verkehrsfunk. Aber seit es GPS-Apps auf Smartphones gibt, sind alle Menschen ortskundig, alle. Das macht die „Umgehungsstraße“ zu einer, auf der man schneller vorankommt, wenn man geht statt fährt. Weil man ja steht, während man sitzt.

„Begriffe wie ‚Schnellstraße‘ oder ‚Zubringer‘ sind bei uns glatt gelogen“, sinniert Jannik. „Nicht, wenn sie dich schnell zur Weißglut bringen“, entgegnet Moni und tippt nervös das Wort „Katharinen-Hospital“ ins Navi. Sie wollen Carsten besuchen, der gestern operiert wurde. Während der Besuchszeit und nur schonend kurz, klar. Sie neigt sich dem Ende zu, die Besuchszeit. Auf der Rückbank welkt ein Blumenstrauß vor sich hin. Die Rechtschreibkorrektur blockiert Monis Wunsch. Es müsse „Katharinenplatz“, „Katharinenstraße“ oder „Käthe Kollwitz“ heißen, mindestens. Aber Jannik kennt sich ja aus. Auch mit Baustellenblockaden. Folgt er seiner Erfahrung, dem Navi oder der Beifahrerin? Die drei widersprechen sich gerade.

Das Krankenhaus besteht aus sieben Gebäuden auf einem Gelände zwischen fünf Straßen. Es gibt Einfahrten für Rettungsfahrzeuge, Anlieferer und Personal. Parkplätze gibt es für Behinderte, Frauen, Anwohner, Ärzte und Kurzparker. Jannik stellt die Karre irgendwo ab. Er findet es zynisch, sich um teure Knöllchen Sorgen zu machen angesichts ihres frisch operierten Freundes Carsten. Aber wo ist die Station, auf der er liegt? Am Haupteingang wird gebaut, zwei von drei Nebeneingängen sind offenbar keine. Der Aufzug, den die beiden schließlich benutzen, führt auf eine Dachterrasse.

„Bis wir sein Zimmer gefunden haben", seufzt Moni mit Blick auf die geneigten Blumenköpfchen …

„… ist Carsten in der Reha", sagt Jannik und eilt voran. Treppab, treppauf, die Flure entlang, vorbei an Milchglas-Eingängen mit Türcodes und Stationen mit seltsamen Namen. Als sie, verschwitzt, besorgt, aber fürs Erste zufrieden, den richtigen Raum betreten, ist Carstens Bett leer. Moni spürt Panik in sich aufsteigen. Jannik hält den Atem an.

„Er ist nicht hier, er ist aufgestanden", sagt der Bettnachbar über den Rand seines Boulevardmagazins hinweg, „vielleicht in der Cafeteria?"

„Kann er das schon?", bellt Moni etwas zu laut.

„Geht es ihm gut?", japst Jannik.

„Ja. War wohl nur 'n ganz kleiner Eingriff, zackzack, dann Aufwachraum, bisschen weiterpennen, heute schon was gegessen, und jetzt ist er …"

Aber da sind Carstens Freunde schon wieder draußen. Im Labyrinth der Flure und Treppen. Obwohl eine automatische Schiebetür automatisch nicht aufgeht, sagt Moni: „Mir fällt ein Stein vom Herzen.“

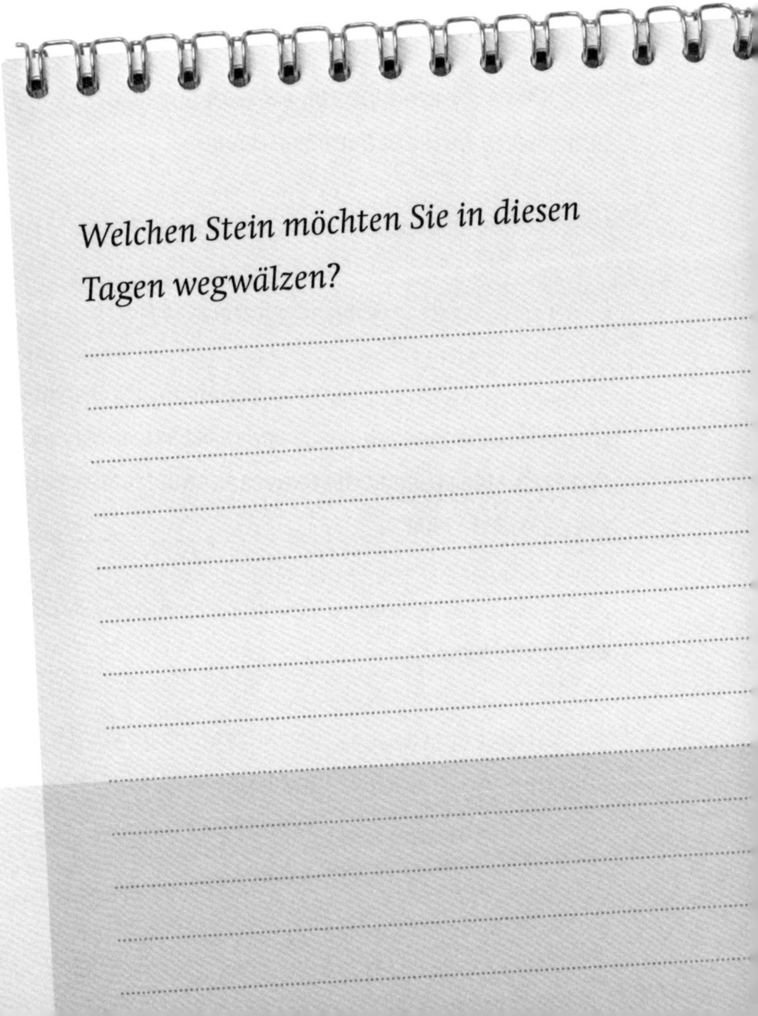

Autorinnen und Autoren

Hans-Jürgen Abromeit, *Dr., bis 2019 Bischof der Evangelisch-Lutherischen Kirche in Norddeutschland.*

Christian Behr, *Superintendent von Dresden-Mitte.*

Christiane Birgden, *Gemeindepfarrerin in Hürth.*

Susanne Breit-Keßler, *bis 2019 Regionalbischöfin, ständige Vertreterin des Landesbischofs und Oberkirchenrätin im Kirchenkreis München und Oberbayern; Kuratoriumsvorsitzende von „7 Wochen ohne“.*

Arnd Brummer, *geschäftsführender Herausgeber der Zeitschrift „chrismon“.*

Johann Hinrich Claussen, *Beauftragter vom Rat der EKD für Kultur und Leiter des Kulturbüros der EKD in Berlin.*

Siegfried Eckert, *Gemeindepfarrer in Bonn und Autor zahlreicher Bücher.*

Christian Engels, *Pfarrer und Senderbeauftragter im Gemeinschaftswerk der evangelischen Publizistik für das Privatfernsehen, die Deutsche Welle und Phoenix.*

Kirsten Fehrs, *Bischöfin der Evangelisch-Lutherischen Kirche in Norddeutschland.*

Bernhard Felmberg, *Dr., Militärbischof der EKD.*

Gundula Gause, *ZDF-Journalistin, seit 1993 Nachrichten-Moderatorin im heute-journal.*

Beate Hofmann, *Autorin, Diakonin, Coach und Kursleiterin im TEAM BENEDIKT (www.beatehofmann.de).*

Eva Jung, *Kommunikationsdesignerin und Autorin (www.gobasil.com).*

Volker Jung, *Dr., Dr. h.c., Kirchenpräsident der Evangelischen Kirche in Hessen und Nassau (EKHN).*

Margot Käßmann, *Dr., Pfarrerin und Autorin, u.a. ehemals Landesbischöfin der Evangelisch-lutherischen Landeskirche Hannovers und Ratsvorsitzende der EKD.*

Henning Kiene, *Pastor in Ahlbeck und Zirchow auf Usedom und Mitglied im Kuratorium „7 Wochen ohne".*

Bettina Limperg, *Präsidentin des Bundesgerichtshofes und evangelische Präsidentin des 3. Ökumenischen Kirchentages 2021 in Frankfurt am Main.*

Christine Lungershausen, *Pfarrerin im Vikariat in der Evangelischen Kirche von Hessen und Nassau.*

Andreas Malessa, *Hörfunkjournalist, evangelisch-freikirchlicher Theologe, Autor von Sachbüchern, Biografien und Satiren, Referent und Moderator.*

Frank Muchlinsky, *Redakteur beim Online-Portal evangelisch.de im Gemeinschaftswerk Evangelischer Publizistik.*

Tobias Petzoldt, *Institutsleiter und Dozent am Evangelischen Bildungszentrum Moritzburg, Autor und Kleinkünstler.*

Andrea Schneider, *Pastorin, bis 2020 Rundfunkbeauftragte der Evangelischen Freikirchen.*

Jan Schönfelder, *Dr., Autor, Historiker und Journalist, seit 1999 Redakteur beim Mitteldeutschen Rundfunk.*

Reinhold Truß-Trautwein, *Pfarrer und Senderbeauftragter im Gemeinschaftswerk der evangelischen Publizistik für Deutschlandradio.*

Fabian Vogt, *Dr., Pfarrer, Schriftsteller und Künstler.*

Ramón Seliger, *Pfarrer an der Stadtkirche St. Peter und Paul (Herderkirche) Weimar.*